W0188504

Schibri-Verlag

LUTZ VON WERDER

KREATIVES SCHREIBEN

VON DIPLOM-

UND DOKTORARBEITEN

SCHIBRI VERLAG BERLIN • MILOW

Die Deutsche Bibliothek - CIP-Einheitsaufnahme
Werder, Lutz von
Kreatives Schreiben von Diplom- und Doktorarbeiten /
Lutz von Werder. - Berlin ; Milow : Schibri-Verl., 1992
ISBN 3-928878-02-6

Bestellungen über den Buchhandel, oder direkt beim
Schibri-Verlag
Meiniger Str. 4
1000 Berlin 62
Tel.: 030/7811934

© 1992 by Schibri-Verlag
Matthias Schilling
Dorfstraße 60
O-2151 Milow

Druck: WB-Druck, Rieden
Umschlaggestaltung: Otto Kummert, Berlin

ISBN 3-928878-02-6

Inhalt

Einleitung

Viele im Handel erhältlichen Anleitungen zur Abfassung von Diplom- und Doktorarbeiten äußern sich ausführlich über das Formulieren von Themen, die Suche nach Literatur, die Benutzung der Bibliotheken, das Zitieren von Literatur, die äußere Form der Arbeit usw. Über den wissenschaftlichen Schreibprozeß, der als Produkt die fertige Arbeit hervorbringt, läßt sich in diesen Anleitungen nicht viel finden. So wird schon davor gewarnt zu glauben, man könnte "sich etwa, das Thema vor Augen, an den Schreibtisch setzen und einfach drauflos schreiben" (G. UEDING: Rhetorik des Schreibens. Königsstein 1985, S. 60). Es findet sich auch der Ratschlag: "Erst denke, überlege, stellt Dir vor: dann schreib" (W. KRÖBER: Kunst und Technik der geistigen Arbeit. Heidelberg 1969, S. 116). Man rät Ihnen "Liegen die Umrisse Ihrer Disposition vor ... beginnen Sie jetzt mit der Anlage eines Zettelmanuskripts ... das Ihnen beim Abfassen des Rohmanuskripts von großem Nutzen sein kann" (J. HERRMANN: Richtig studieren. München 1982, S. 203). Allerdings werden mit solchen Ratschlägen die wirklichen Beziehungen zwischen Forschungsprozeß und kreativen Schreiben nicht geklärt. Dieser kreative Forschungs- und Schreibprozeß und die Techniken, die Ihn in Gang halten, sollen in diesem Büchlein im Mittelpunkt stehen.

Da in Deutschland, die Erforschung des Schreibprozeßes wissenschaftlicher Texte noch in den Kinderschuhen steckt, muß sich diese Anleitung auf amerikanische Forschungen stützen. In den USA gibt es seit 70 Jahren eine weit entwickelte Schreibforschung, die sich auch für den Bereich des wissenschaftlichen Schreibens das Ziel gesteckt hat, kreative Methoden des Schreibens zu entdecken, zu überprüfen und den Oberschülern, Studenten und jungen Wissenschaftlern über innerschulische oder inneruniversitäre Schreibberatungszentren zur Verfügung zu stellen. Durch die weite Verbreitung kreativer Schreibtechniken an amerikanischen Universitäten haben sich die Folgen defizitärer Schreibqualifikation, die sich bei den Studenten als vermehrter Studienabbruch, überlange Studierzeiten und psychische Krisen wegen Schreibblöcken zeigen, erheblich abmildern lassen (vgl. die 95 Untersuchungen über die kognitiven und psychischen Effekte des kreativen Schreibens in den Wissenschaften, die E. LINDEMANN: Bibliography of Composition and Rhetoric. Carbondale 1991, S. 158-167 zitiert). Die kreativen Schreibtechniken sollten auch für deutsche Studenten von Interesse sein, deren Schreibqualifikation meist als naturwüchsiges Produkt des Studierens angesehen wird und die meist erst vor dem Examen bemerken, daß sie das wissenschaftliche Schreiben gar nicht von allein lernen konnten. Sie finden sich dann unter dem Druck der Examensängste in einer Situation wieder, wo Ihnen kein innerschulisches oder inner-universitäres Schreibberatungszentrum zur Verfügung steht.

Für diesen mißlichen Zustand bietet unser Büchlein folgende ausgewählte Hilfen zur Entwicklung der Fähigkeit, Examensarbeiten schreiben zu können:

- Kreative Schreibtechniken, um ein Thema zu erforschen. Wir stellen das Freewriting, das Clustering, das Brainwriting, das Mindmapping, das make a Tree usw. vor.
- Kreative Schreibstimuli, um erste Widerstände gegen das Schreiben und anfänglichen Schreibekel überwinden zu können.
- Kreative Methoden zur Bearbeitung und Erforschung von Literatur.
- Methoden zur Entwicklung eines differenzierten Schreibkonzepts.
- Kreative Methoden für die Gestaltung der ersten Textfassung, der Überarbetung und der Herstellung der Endfassung Ihres Textes.

Ein besonderes Augenmerk legen wir auf die Darstellung von Techniken zur Bekämpfung von Schreibblöcken, Schreibekel und Schreibängsten. Sie bekommen schließlich auch Hilfen, um aus Ihren Schreiberfahrungen für Ihre weitere Karriere lernen zu können.

Diese kreativen Schreibmethoden können Sie allein für sich ausprobieren. Diese Methoden lassen sich aber auch in selbstorganisierten Studenten-gruppen praktizieren, die den Prozeß der Entstehung einer Diplom- oder Doktorarbeit begleiten könnten.

Wie Sie es auch halten werden, auf dem längeren beschwerlichen Weg der Erarbeitung einer wissenschaftlichen Abschlußarbeit, es kommt darauf an im Schreibprozeß zu bleiben. Diesem Ziel will das vorliegende Büchlein und die wichtigen Hinweise am Ende des Buches dienen.

Berlin im Januar 1992   Lutz von Werder

1 Ein Modell des wissenschaftlichen Schreibprozesses

Bei der Darstellung der kreativen Schreibmethoden für Examensarbeiten gehen wir von einem Modell des wissenschaftlichen Schreibprozesses aus. Für uns zerfällt der wissenschaftliche Schreibprozeß in vier Abschnitte:

① Phase: Entwicklung eines groben Schreibkonzepts
② Phase: Schaffung von Schreibstimuli am Material
③ Phase: Entwicklung eines differenzierten Schreibkonzepts
④ Phase: Schreibpraxis: Rohentwurf und Überarbeitung

(vgl. L.v.WERDER: Lehrbuch des kreativen Schreibens. Berlin 1990, S. 178)

Diese Phasen greifen oft ineinander. Wir lernen beim Schreiben. So kann es vorkommen, daß wir in der vierten Phase auf Ergebnisse aller drei vorhergehenden Phasen zurückgreifen und in der ersten Phase schon begonnen haben, erste Teile eines Rohentwurfs zu schreiben. Ein Blick in unser Notizbuch, das unseren Schreibprozeß begleitet, kann uns die Komplexität der Methoden des wissenschaftlichen Schreibens leicht vor Augen führen. Unser recht grobes Modell kann uns aber Orientierungshilfen im sehr komplexen Schreibprozeß geben. Es zeigt uns, an welchen Punkten des Schreibens wir uns befinden. Es läßt uns die Strecke einschätzen, die wir hinter uns, und die Strecke erkennen, die wir vor uns haben. Es ist unsere Landkarte, in dem für uns weitgehend unbekannten Land unseres wissenschaftlichen Themas. Es klärt uns über die Arbeit anderer wissenschaftlicher Schreiber auf.

Wissenschaftliches Schreiben mit kreativen Methoden zerfällt in zwei in sich wiedersprechende Prozesse:

Kreativität und Kritik, Emotion und Ratio, rechter und linker Gehirnhälfte. Wissenschaftliches Schreiben pendelt zwischen Chaos und Ordnung. Wenn kreative Methoden eingesetzt werden, vertieft sich nicht nur der Schreibprozeß, sondern auch die emotionalen und rationalen Schreiberfahrungen werden spürbarer. Kreative Methoden erlauben, "daß die Wörter, Überzeugungen, Gefühle und Wahrnehmungen versuchen können, ihre eigene Ordnung, Logik und Struktur zu finden." (P. ELBOW: Writing without Teachers. London 1972, S. 32) Kreative Schreibmethoden führen aber notwendig zu einem "Schreibzentrum und Schreibthema". Das geschieht in dem Augenblick, "in dem das, was bisher nur als Chaos erschien sich nun als Zentrum eines Themas erweist". (P. ELBOW: Writing without Teachers. a.a.O., S. 35) Der Prozeß der Entdeckung des richtigen Schreibimpulses ist ein Wechsel zwischen Kreativität und Kritik (vgl. P. ELBOW: Writing with Power. New York 1981, S. 7). In allen vier Phasen des Schreibprozesses wird dieser Wechsel sich vollziehen: Kreativität und Kritik, Emotion und Ratio werden wechseln, um in den vier Phasen zur Ausformung des Schreibimpulses zu gelangen.

(Kleiner Hinweis: Viele der folgenden Schreibtechniken sind zu finden bei: D.M. MURRAY: Write to learn. Forth Worth 1990, R.B. AXELROD, C.R. Cooper: The St. Martins Guide to Writing. New York 1988, S 366-516, J. BLUM u.a.: A Guide to the whole Writing Process. Boston 1988, R.C. GEBHARDT, D. RODRIGUES: Writing. Processes and Intentions. Lexington 1989, L. FLOWER: Problemsolvings Strategies for Writing. San Diego 1989, C.J. THAISS: Write to the Limit. Fort Worth 1991)

2 Kreative Schreibtechniken bei der Entwicklung eines groben Schreibkonzepts

2.1 Schreibtechniken

In der ersten Phase kommt es darauf an, sein Thema zu finden. Es geht darum, in sich die Kenntnisse zum Thema zu erforschen, die man schon hat, die Interessen zu erkunden, die einen mit einem Thema verbinden, die Umrisse zu erfahren, die das Thema für einen annehmen kann. Die am breitesten entwickelte Schreibtechnik für diese Phase ist das sogenannte "Free-Writing", das auch als freies assoziatives Schreiben bezeichnet werden kann (P. BELANOFF, P. ELBOW u.a.: Nothing begins with N. New Investigations of Freewriting. Carbondale 1991). Zum "Free-Writing" gibt es viele Varianten, die wir ihnen im Folgenden vorstellen wollen.

a) Free-Writing

Free-Writing ist der leichteste Weg, um Worte auf das Papier zu bringen (vgl. P. ELBOW: Writing without Teachers: London 1973, S. 3-12, P. ELBOW: Toward a Phenomenology of Freewriting. In: Journal of Basic Writing. 8 (1989) 2, S. 42-72).

Motivieren Sie sich fünf Minuten, ohne Halt einfach zu schreiben. Wenn Ihnen nichts einfällt, schreiben Sie über Ihren Schreibblock. Die einzige Bedingung des "Free-Writing" ist es, im Schreibprozeß zu bleiben. Das Ziel des "Free-Writing" ist der Prozeß, nicht das Produkt. "Free-Writing" hat verschiedene Aufgaben: Es hilft zu schreiben, wenn man überhaupt gar keinen Drang zum Schreiben verspürt. Es hilft die Gedanken zu ordnen, wenn im Kopf Schneetreiben herrscht. Es bringt einen in einen intensiven Kontakt mit einem Thema, über das man schreiben möchte, das einem aber gar nicht geheuer ist. Es produziert keine starken Texte, aber es stärkt die Schreibkraft. Es läßt ein gewisses Maß an Chaos zu, um dann den Weg der Ordnung beschreiten zu können.

Das Free -Writing umfaßt folgende Grundtechniken:
- Freie Assoziation
- Assoziationskette
- Schnelles Schreiben (Rapid Writing)
- Automatisches Schreiben

Geben wir für diese Methoden Beispiele

Freie Assoziation zum Thema: "Kreatives Schreiben"

> Eine neue Lernmethode - bisher unbekannt in den Wissenschaften - eine Verbesserung bei Schreibblöcken und ihrer Entschärfung - verbreitet in den USA - hat einen besseren Stil zur Folge - ist nicht nur für Literaten gut - verbindet Bild und Gefühl mit Begriff...

Assoziationskette zum Thema: "Kreatives Schreiben"

> Kreativität - Neues - Umbruch - Neue Worte - Neue Gedanken - es fließt - es wird immer besser - langsam bekommt die Sache Gestalt - durch Worte gestalten - Ein Hauch von Kunst - ein Denken in Bildern - Einsteigen in den Strom der Gedanken

Schnelles Schreiben zum Thema: "Kreatives Schreiben"

> Ganz schnell soll jetzt das Thema abgehandelt werden. Es eilt. Das kreative Schreiben wird langsam populär. Mein Sohn baut in der Schule eine Schreibgruppe auf. Eine Studentin will Schreibspiele für den Englischunterricht. Eben ruft es Mainz an. Ein Vortrag über kreatives Schreiben ist erwünscht.

Automatisches Schreiben zum Thema: "Kreatives Schreiben"

> André Breton wollte nur Surrealisten kreativ nennen. Die Gruppe haute auf die Pauke. Sie überfielen den Alltag und schlugen dem Mond ein Schnippchen. Es geht aufwärts mit Pegasus. Immer weiter auf Schusters Rappen. Bietet der Universität die Stirn. Schreiben befreit.

Diese kurzen Texte eröffnen unterschiedliche Einblicke in das Thema.
- Die freie Assoziation erfaßt das kreative Schreiben als Lernmethode
- Die Assoziationskette steigt in den inneren Bewußtseinsstrom ein, zeigt kreatives Schreiben als Prozeß
- Das "schnelle Schreiben" eröffnet Einblicke in die Praxis des kreativen Schreibens heute
- Das automatische Schreiben führt nach Paris, zu den Surrealisten als Vorläufer des kreativen Schreibens in der Literatur.

Aufgabe: Wählen Sie ein Thema und verfassen Sie nach den vier Schreibvarianten Kurztexte und werten Sie dann die Unterschiede Ihrer Schreibprodukte aus.

Sehen wir uns einige Varianten des "Free-Writing" an, die Peter Elbow in seinem Buch "Writing with Power" New York 1981, S. 61-73 entwickelt hat, um Sie beim Finden eines groben Schreibkonzeptes zu unterstützen:

Erste Gedanken

Schreiben Sie für fünf Minuten alle Gefühle, Ideen, Einfälle nieder, die das Thema bei Ihnen auslöst. Es geht dabei nicht um gute Gedanken, sondern um erste Gedanken. Die ersten Einfälle können aber der Schlüssel zur zentralen Idee sein, die das Thema erschließen werden. Schreiben Sie zu dem besten gefundenen Gedanken dann noch gleich einen ersten Text.

12 kreative Tips
für das Schreiben während des Studiums und für die
Diplom- oder Doktorarbeit

Lernen Sie wissenschaftliches Schreiben durch Schreiben. Wenn Sie Schreibschwierigkeiten haben, schreiben Sie erstmal über diese Schwierigkeiten. Schreiben Sie vom ersten Tag Ihres Studiums an jeden Tag einen kleinen, nicht immer wissenschaftlichen, Text, der Ihnen Spaß macht.

Schreiben, schreiben und immer wieder schreiben!!!

Führen Sie von Studienbeginn an ein Journal, in dem sich Tagebuchnotizen, Vorlesungsanmerkungen, Lesefrüchte, Gedichte, Briefe, Proteste, Gliederungen, Zitate, Ideen, Projektentwürfe mischen können. Werten Sie das Journal jedes Semester aus. Stellen Sie fest, was Sie jedes Semster gelernt haben und was Sie im nächsten Semester unbedingt noch lernen müssen.

Journal führen

Lernen Sie Ihre innere Sprache kennen, die Ihnen am vertrautesten ist. Mit dieser Sprache formulieren Sie Ihre Erkenntnisse, Ihre ersten Hypothesen, Ihre Ideen. Schreiben Sie von innen. Schreiben Sie innere wissenschaftliche Dialoge zuerst über Ihre Seminararbeiten, dann über Ihre Forschungsberichte, dann auch über Ihre Diplom- oder Doktorarbeit. Führen Sie diese Dialoge mit dem Forscher in Ihnen. Stellen Sie diesem Forscher alle Ihre wissenschaftlichen Fragen und lassen Sie sich von diesem Forscher seinerseits alle wichtigen Fragen zu Ihren Arbeitsvorhaben stellen.

Kennenlernen der inneren Sprache

Bilden Sie mit Studenten eine Schreibgruppe, in der Sie alle möglichen Texte aus Journalen, inneren Dialogen, Träumen aber auch Entwürfe von größeren Arbeiten vorlesen und besprechen.

Schreibgruppen bilden

Schreiben Sie Kurzgeschichten über Ihre Forschungserfahrungen. Erfinden Sie wissenschaftllche Tagebücher des Forschers, der in Ihrer Diplomarbeit eine zentrale Rolle spielt. Lesen Sie zu diesem Zweck erst eine Biographie dieses Forschers.

Biographien von Wissenschaftlern berücksichtigen

Legen Sie großen Nachdruck auf die Erforschung der Fragen, die Sie in Ihrer Doktor- oder Diplomarbeit bearbeiten wollen. Benutzen Sie zur Erforschung dieser zentralen Fragen kreative Methoden der Prewriting-Qualität wie: Cluster, Mind-Map, Freie Assoziation, Free Writing. Beobachten Sie mit diesen Schreib- und Visualisierungsmethoden, wie sich die Fragen zu Ihrem Thema über Semester herausgebildet haben. Achten Sie mit diesen Methoden auch über einige Zeit wie sich Ihr Thema wandelt. Prüfen Sie mit diesen Methoden auch was Sie von Ihrem Thema schon wissen und was Sie noch nicht wissen, aber bald wissen sollten.

Cluster, Mind-Map, Free Writing

Legen Sie Gliederungen Ihres Themas an, indem sie Visualisierungstechniken wie Themenbäume und Themenbüsche benutzen. Spielen Sie zur Erforschung der Struktur Ihres Themas und Ihrer Aussagen zum Thema mit folgenden 10 Gliederungsstrategien: Vom Allgemeinen zum Besonderen, vom Besonderen zum Allgemeinen, Gliedern nach Gefühl, nach der Zeit, nach Ursachen und Wirkungen, nach Gleichheit und Unterschieden, nach Pro und Contra, nach dem Wechsel von Erkenntnissen, nach Teilen und Ganzem, nach logischen Modellen.

Visualisierungstechniken einsetzen

Verbinden Sie Lesen und Schreiben während Ihres ganzen Studiums. Sie können so leichter Ihre innere Sprache in Teile des wissenschaftliches Diskurses Ihres Faches und Ihrer Diplom- oder Doktorarbeit verwandeln. Benutzen Sie das Paraphrasie-

Paraphrasieren, Imitation, Minimisierung

ren, die Imitation, die Minimisierung, die Umstellung der Ideen, den Austausch von Schlüsselworten. Exzerpieren Sie das wichtigste Buch oder Paper des grauen Marktes zu Ihrem Thema. Drücken Sie alle gefundenen Gedanken in eigenen Worten aus. Visualisieren Sie diese Gedanken in Flußdiagrammen. Kritisieren Sie das Gelesene, wenn es Sie lockt, aber achten Sie darauf, daß Sie dabei verständlich bleiben.

Schreiben Sie Ihre Diplom- oder Doktorarbeit in „Schichten". Arbeiten Sie seit der Findung einer Gliederung immer an den Abschnitten der Arbeit, die Ihnen gerade Spaß machen. Schreiben Sie mal das Schlußkapitel Ihrer Arbeit, um zu sehen worauf die Arbeit im Augenblick hinauslaufen soll. Diktieren Sie, wenn Sie in Schwung sind, ganze Kapitel auf Band. Setzen Sie Kontrolleser ein, um sich Klarheit über „rote Fäden" oder Teiltexte zu verschaffen. Lassen Sie mal einen roten Faden Ihrer Arbeit im Freundeskreis kursieren.

Diskussion der eigenen Arbeit mit anderen

Führen Sie lange Gespräche über Ihr Thema mit den „Päpsten" Ihres Faches und mit Ihrem Prüfer. Schreiben Sie Briefe, gehen sie auf Tagungen, machen Sie Telefoninterviews.

Diskussion mit Fachexperten

Schreiben Sie Ihre Doktorarbeit schnell, lassen Sie Ihr wissenschaftliches Über-Ich nicht überaktiv sein. Benutzen Sie für Rohentwürfe Ihre Alltagsprache. Achten Sie dann erst auf Zitate, auf Literaturübersichten, auf Orthographie, Grammatik, rhetorische Finessen, Einleitung.

Schnellschreiben

Bilden Sie am Ende des Studiums eine Lesegruppe für Diplom- und Doktorarbeiten. Üben Sie dort gemeinsam das kreative Revidieren von wissenschaftlichen Texten. Fassen Sie die wichtigsten Ergebnisse ihrer Arbeit in Grafiken, in Formeln, in mathematischen Gleichungen zusammen. Über-

Arbeitsgruppen bilden und Revision der Texte

legen Sie, welche technische Nutzan-
wendung Ihre Arbeit gewinnen könnte.
Strukturieren Sie Ihre Kapitel neu mit Hilfe
von Mind-Maps. Werten Sie auch Ihr
Traumtagebuch für die Lösung zentraler
Fragen und Konflikte beim Schreiben Ihrer
Doktorarbeit aus.

Weitere Hilfestellungen, das erste umfassende Training im wissenschaftlichen Schreiben in Deutschland und ausführlichere Darstel-
lungen der Tips bieten die im Schibri-Verlag erschienenen Bücher:

Für Studenten des Grundstudiums:
L.v.Werder:
Kreatives Schreiben in den Wissenschaften.
1992, 190 Seiten, DM 19,80

**Für Eilige, die mit der Promotion oder dem Diplom
Schwierigkeiten haben:**
L.v.Werder:
Das kreative Schreiben von Diplom-
und Doktorarbeiten.
1992, 64 Seiten, DM 12,-

Für Gründliche:
Studenten, Wissenschaftler und Pofessoren:
L.v. Werder:
Lehrbuch des wissenschaftlichen Schreibens
an Universitäten und Hochschulen.
1993, ca 250 Seiten, ca. DM 35,-

Außerdem für alle kreativen Schreiber:
L.v. Werder:
Lehrbuch des kreativen Schreibens.
1993^2, 524 Seiten, ca. DM 40,-

L.v. Werder, C. Mischon, B. Schulte-Steinicke:
Kreative Literaturgeschichte.
1992,336 Seiten, DM 35,-

Die Bücher können Sie bei Ihrem Buchhändler oder direkt beim
Verlag unter den unten angegebenen Adressen bestellen.

Schibri-Verlag

Berlin • Meininger Str. 4 • 1000 Berlin 62 • 030/7811934
Brandenburg • Dorfstr. 60 • O-2151 Milow • 039753/7757

Vorurteile

Bringen Sie Ihre Vorurteile zum Thema auf das Papier. Schlüpfen Sie in die Rolle eines Extremisten und schreiben Sie in seiner Haltung. Die Einnahme verschiedener Vorurteilsrollen hilft, neue Ideen zu finden.

Erste Vision

Jeder hat bei der Sichtung eines Themas eine erste Vision. Diese Vision sollte in aller Unvollständigkeit niedergelegt werden, vielleicht auch als Kritzelzeichnung oder als Melodie, die man summt.

Meditieren Sie

Benutzen Sie das autogene Training, um auf der Mittelstufe des AT das Thema einzustellen. Lassen Sie ein Tonband während der Meditation laufen und sprechen Sie auf das Band, was Sie während Ihrer Meditation zum Thema sehen. Werten Sie später Ihre Meditationsmitschnitte aus.

Dialoge

Bemerken Sie bei Ihrem Thema immer verschiedene Gefühle, dann ist es gut, es mit einem Dialog zu versuchen. Geben Sie jedem Gefühl eine Stimme und schreiben Sie schnell, ohne viel nachzudenken, einen Dialog zwischen einem Protagonisten und einem Antagonisten zum Thema nieder. Wenn die gewählten Personen zu stören beginnen, dann nehmen Sie anonyme Personen (A und B) oder lassen Sie Autoren zu Wort kommen, die schon zum Thema geforscht haben.

Erzählendes Denken

Statt sich in einem analytischen Streß zu verkrampfen, versuchen Sie es erstmal mit einem erzählenden Diskurs. Schreiben Sie etwas über die Geschichte des Themas. Das kann Ihnen helfen, unbewußte Barrieren zu bemerken, die beim Fortgang des Schreibens hindernd wirken. Eine Geschichte kann Ihnen auch zeigen, wieviele Fakten und wieviel Material Sie zu Ihrem Thema schon kennen und wo Ihre Lücken liegen.

Wahrheiten und Lügen

Schreiben Sie schnell in fünf Minuten alle Wahrheiten zu Ihrem Thema und dann in fünf Minuten alle Lügen zu Ihrem Thema nieder, dabei werden sich dann neue Aspekte des Themas zeigen.

Die Arbeit mit Freewriting-Techniken auf dem Weg zu ersten Textideen gliedert sich in folgende Schritte:

①   Schreiben zum Thema mit verschiedenen Techniken
②   Texte auswerten

Neben dem Free-Writing gibt es für das wissenschaftliche Schreiben eine
Fülle anderer Einstiegsschreibtechniken zur **Visualisierung** von Gedanken ,
die wir Ihnen nun vorstellen wollen.

b) Clustering

G.L.Rico hat in ihrem Buch "Garantiert Schreiben lernen". Reinbeck 1984
die Clustermethode für ein gelenktes freies Assoziieren eingeführt (vgl.
auch J.A.W. HEFERMANN, J.E. LINCOLN: Writing. A College Handbook.
New York 1986, S. 13-29). Bilden Sie also aus Ihrem Thema ein Kernwort
und schreiben Sie es auf ein weißes Blatt Papier, direkt in die Mitte. Kreisen
Sie es ein. Schließen Sie die Augen und warten Sie auf Einfälle. Alle
Einfälle schreiben Sie in Stichworten auf das Papier, kreisen Sie diese auch
ein und verbinden Sie sie je nach Assoziationskette mit dem Kernwort.
Warten Sie auf einen Schreibeinfall. Schreiben Sie den ersten Satz auf, der
Ihnen zu Ihrem Cluster einfällt. Beuten Sie dann die Worte Ihres Clusters
aus, um die nächsten Sätze zu schreiben. Nach fünf Sätzen ist ganz
sicherlich Ihr erster kurzer Text zum Thema fertig.

Die Arbeit mit dem Cluster auf dem Weg zu ersten Textideen umfaßt
folgende Schritte:

①   Assoziationsanreiz durch Thema
②   Kernwortwahl
③   Cluster bilden
④   Umschalteffekt: Die Schreibidee wird spürbar
⑤   Zentrales Gefühl führt zu einer schriftlichen Aussage
⑦   Aussage führt zu einem Kurztext.

Neben dem klassischen Cluster, welches Sie auf der folgenden Seite sehen,
können Sie den Spielraum des Clusters erweitern, Sie können auch folgende Clustervarianten einsetzen.

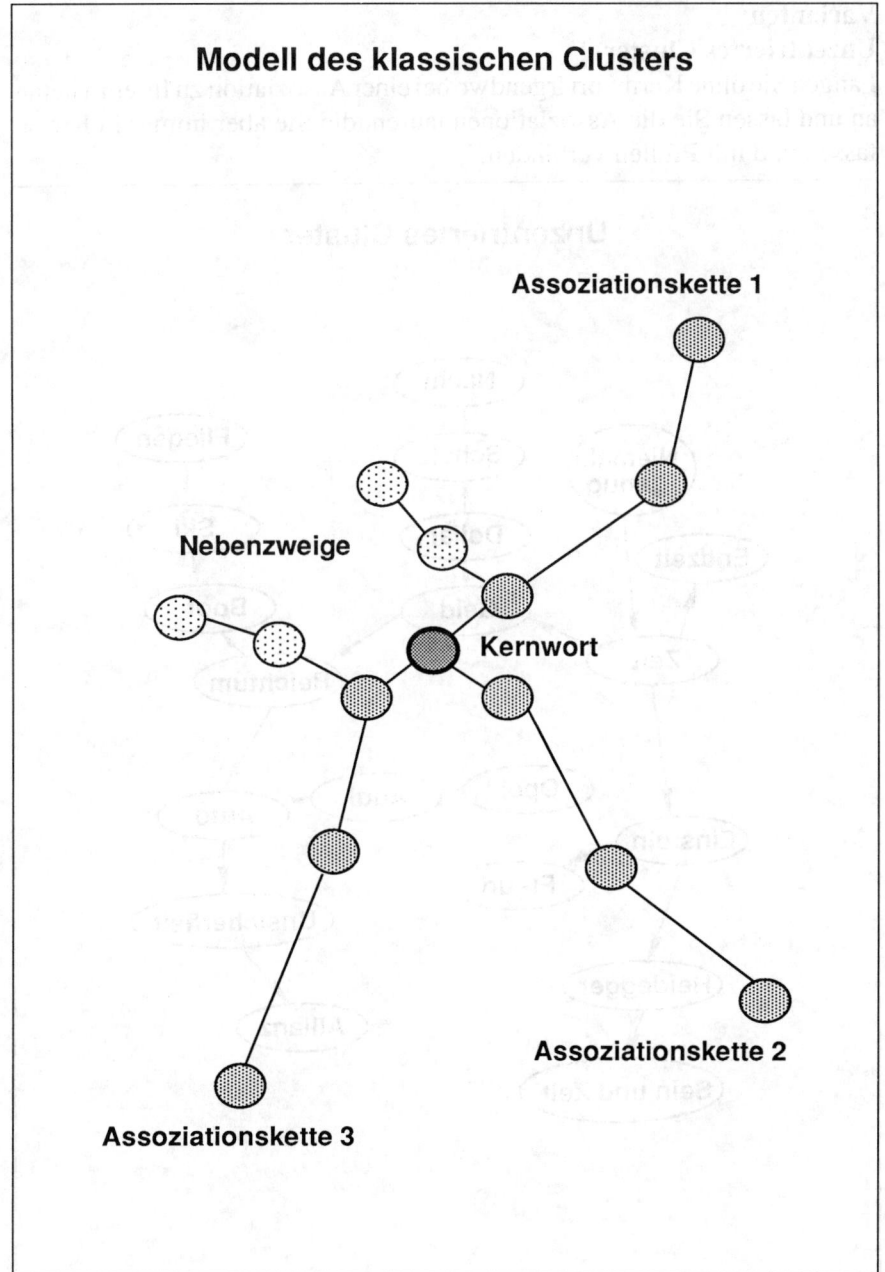

Modell des klassischen Clusters

Assoziationskette 1

Nebenzweige

Kernwort

Assoziationskette 2

Assoziationskette 3

Varianten:
Unzentriertes Cluster
Fangen Sie ohne Kernwort irgendwo bei einer Assoziation zu Ihrem Thema
an und lassen Sie die Assoziationen laufen, die Sie aber immer in Kreise
fassen und mit Pfeilen verbinden.

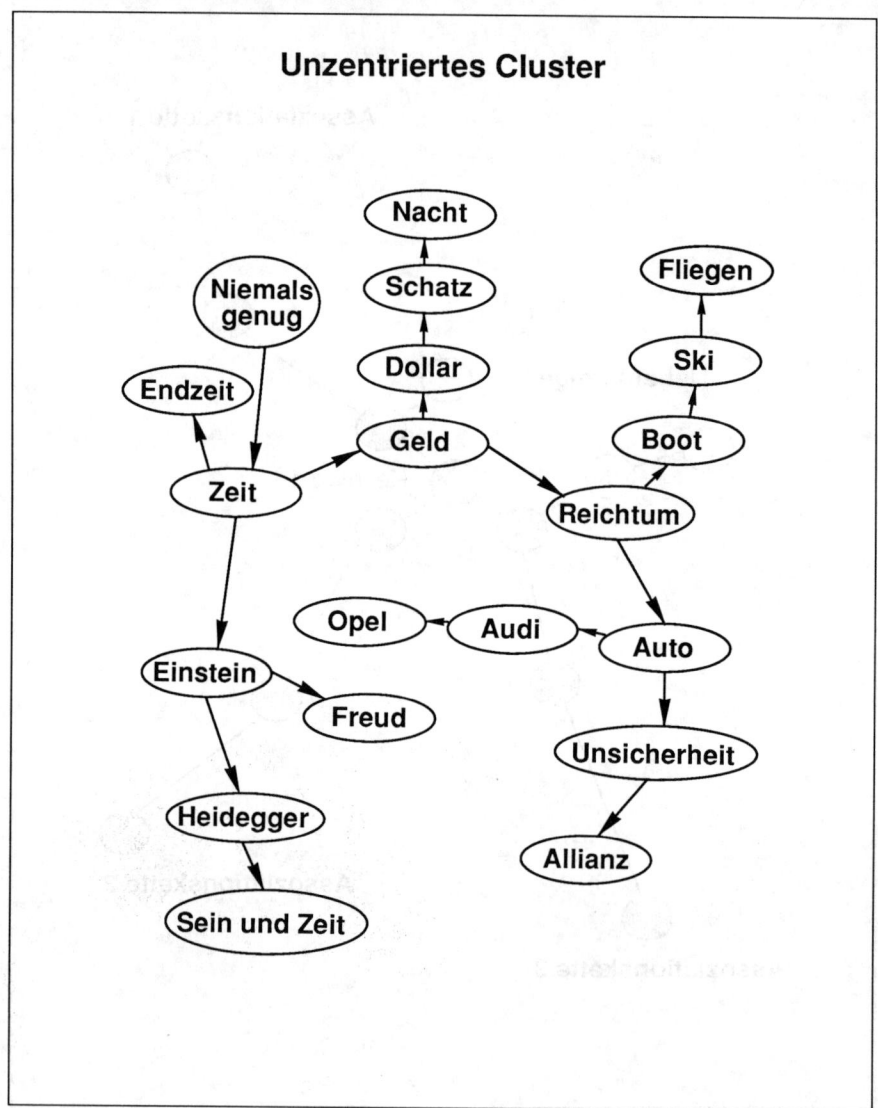

Stark strukturiertes Cluster mit Ideenzweigen, Beispielen und Fakten zu
jeder Einzelidee - ein Cluster für fortgeschrittene Clusterfreunde!

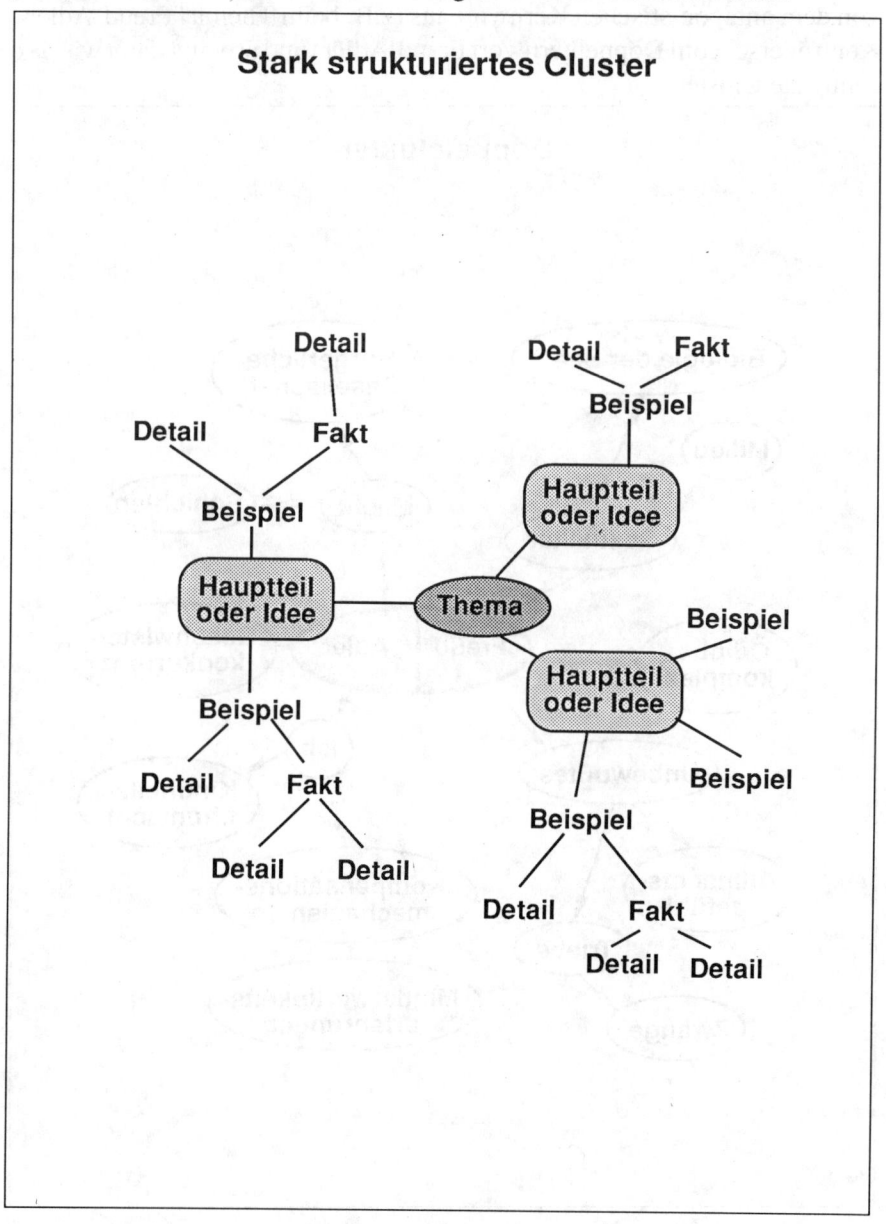

17

Wenn das Thema einen Widerspruch, einen Vergleich, eine Kontroverse enthält ist, der Einsatz des **Doppelclusters** möglich. Dieses Cluster geht von dem antagonistischen Kernwort aus (z.B. beim Thema "Freud-Adler-Kontroverse"vom Doppelkernwort Freud/Adler) und arbeitet dann wie das zentrierte Cluster.

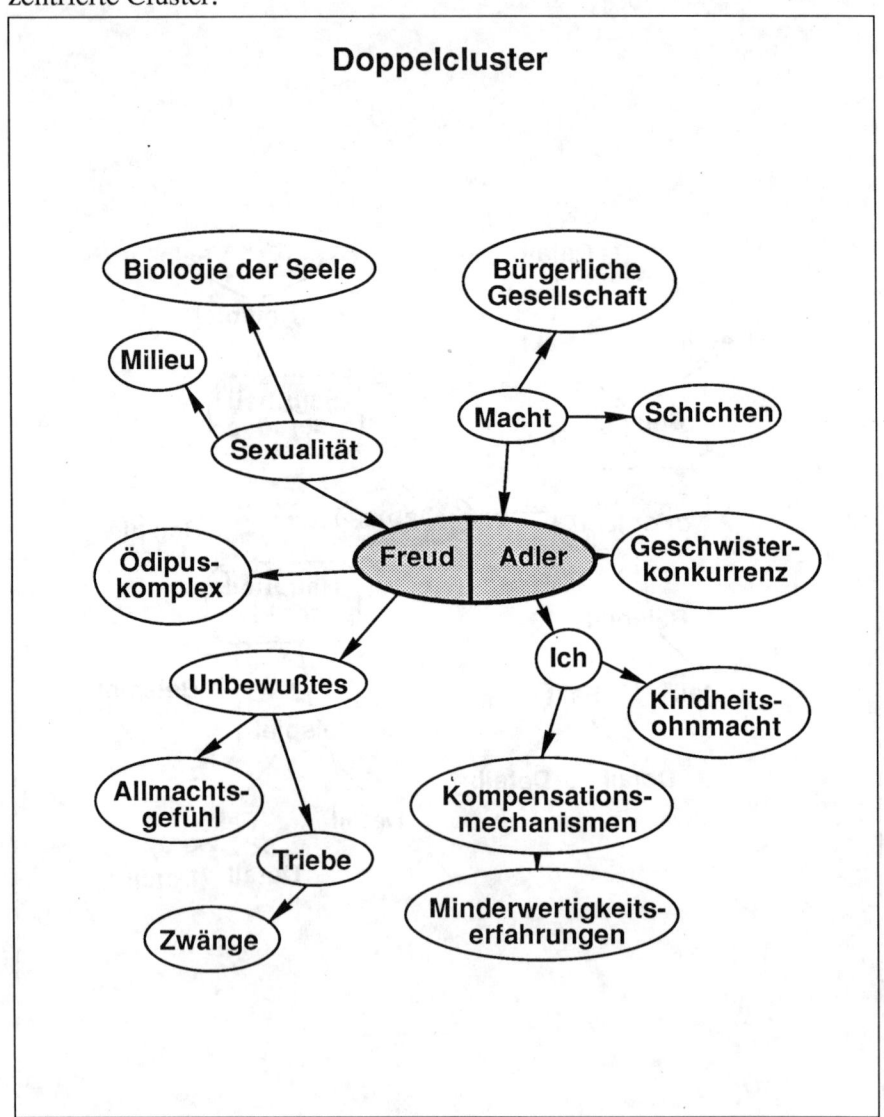

c) Brainstorming

Donald M. MURRAY "Write to Learn" (Fort Worth 1990, S. 31-36), schlägt das Brainwriting als erste Übung bei der Suche nach einem groben Schreibkonzept vor. Legen Sie sich für die Durchführung dieser Methode eine Liste aller Einfälle an, die Ihnen zum Thema einfallen. Die Liste sollte in fünf bis zehn Minuten stehen, sie kann so umfangreich sein, wie es Ihnen nötig erscheint. Wenn Ihnen die Liste auf den ersten Blick nicht gefällt, schreiben Sie eine neue Liste. Gehen Sie dann Ihre Liste nach folgenden Kriterien durch:

Was überrascht Sie? (Markieren Sie Ihre Überraschungen auf der Liste mit einem Ausrufungszeichen)

Wo gibt es zwischen verschiedenen Aussagen der Liste Zusammenhänge? (Markieren Sie die Zusammenhänge mit Pfeilen)

Je öfter Sie die gelungene Liste durchgehen, um so mehr Einfälle, Überraschungen und Zusammenhänge werden Sie entdecken. Das ist dann das Material, aus dem Sie Ihr Thema weiter bearbeiten können (vgl. auch R.B. AXELROD, C.R. COOPER: The St. Martins Guide to Writing. New York 1988, S. 368f).

Es gibt nun viele Varianten des Brainstorming, auf die wir jetzt im einzelnen zu sprechen kommen werden:

Varianten des Brainstorming

Zu jedem Thema läßt sich ein Gruppenbrainstorming durchführen. In der Gruppe ist dann mit der Team-Kollaborations-Technik zu arbeiten (Wechsel zwischen Einzel- und Gruppenarbeit), der Stop-and-Go Technik (eine konstruktive und eine kritische Phase des Brainstorming löst sich ab), Methode 6-3-5 (die Einfälle werden schriftlich niedergelegt: z.B. erhalten sechs Teilnehmer die Texte der anderen und ergänzen in diesen Texten drei Worte in fünf Minuten), dem Brainwritingpool (jeder legt seine Liste auf einen Haufen, wählt eine ihm fremde Liste und ergänzt diese), dem Collektive Notebook (jeder Teilnehmer erhält die Themen einer Gruppe von z. B. drei Personen und notiert sich über vier Wochen alle Einfälle, die er zu den drei Themen hat), der B-B-B-Methode (alle Bilder, die zum Thema passen, werden gesammelt, und dann werden Texte zu diesen Bildern geschrieben).

Brainstorming-Liste zum Thema "Schreibgrafiken"
(mit Markierungen, die auf Zusammenhänge verweisen)

- läßt sich Schreiben graphisch darstellen?
- illustrativ
- das Unsichtbare erhält Gestalt!
- Marx´ens Schreibgrafik
- Welche Wissenschaftler benutzen Grafiken
- Grafiken in der Tiefenpsycholiogie
- Illustrationen in der Tierkunde
- Wer war der Zeichner von "Brehms-Tierleben"?
- Bild und Gedanke
- Der innere"Bewußtseinsstau"
- Freud´s Unbewußtes in Bildern
- Bild, Assoziationen, Gedanken, Sätze
- Bilder als Bildstimuli
- Innere Bilder
- Das Denken baut auf Bildern auf
- Sichtbare und spürbare innere Bilder
- Symbole, Metaphern
- Mandala, Meditationsbilder
- Heiligenbilder
- Bilderbibel für die Armen
- Neue Medienwelt, das Bild verdeckt die Realität
- Bilder der Wissenschaft

(vgl. auch R.B. AXELROD, C.R. COOPER: The St. Martins Guide to Writing. New York 1988, S. 368)

d) Mindmapping

M. Kirchhoff hat in seinem Buch "Mindmapping" (Berlin 1989) die Mappingtechnik von T. Buzan "Kopftraining" (München 1984, S. 124ff) weiterentwickelt.

Das Mindmapping beginnt, wie das Clustering, mit einem leeren Blatt Papier, in dessen Mitte das Thema plaziert wird. Vom Kernwort gehen dann die Einfälle aus, die beim **freien Mindmap** nach Lust und Liebe um das Kernwort geordnet werden. Beispiel: Freies Mind-Map zum Thema" S. Freud´s Biographie":

Freies Mind-Map zum Thema: "Sigmund Freud"

Das Mindmap läßt sich aber auch für differenzierte Themeneinblicke benutzen, wenn es als **"systematisches Mindmap"** angelegt wird. Das Thema wird notiert und die Schwerpunkte des Themas werden dann im Uhrzeigersinn rechts um das Thema herumgeordnet.

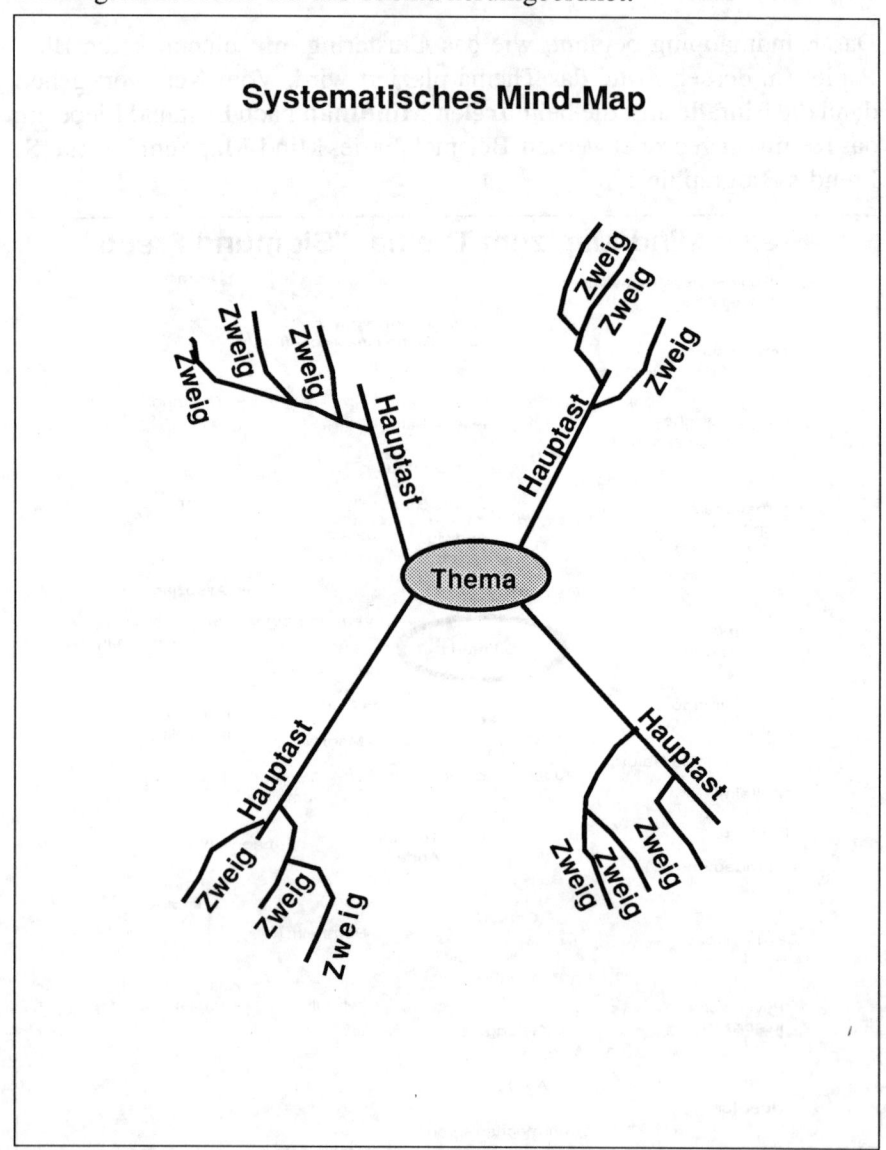

Systematisches Mind-Map

Als Beispiel zeigen wir nun ein systematisches Mindmap zum Thema:
"Tiefenpsychologische Schulen."

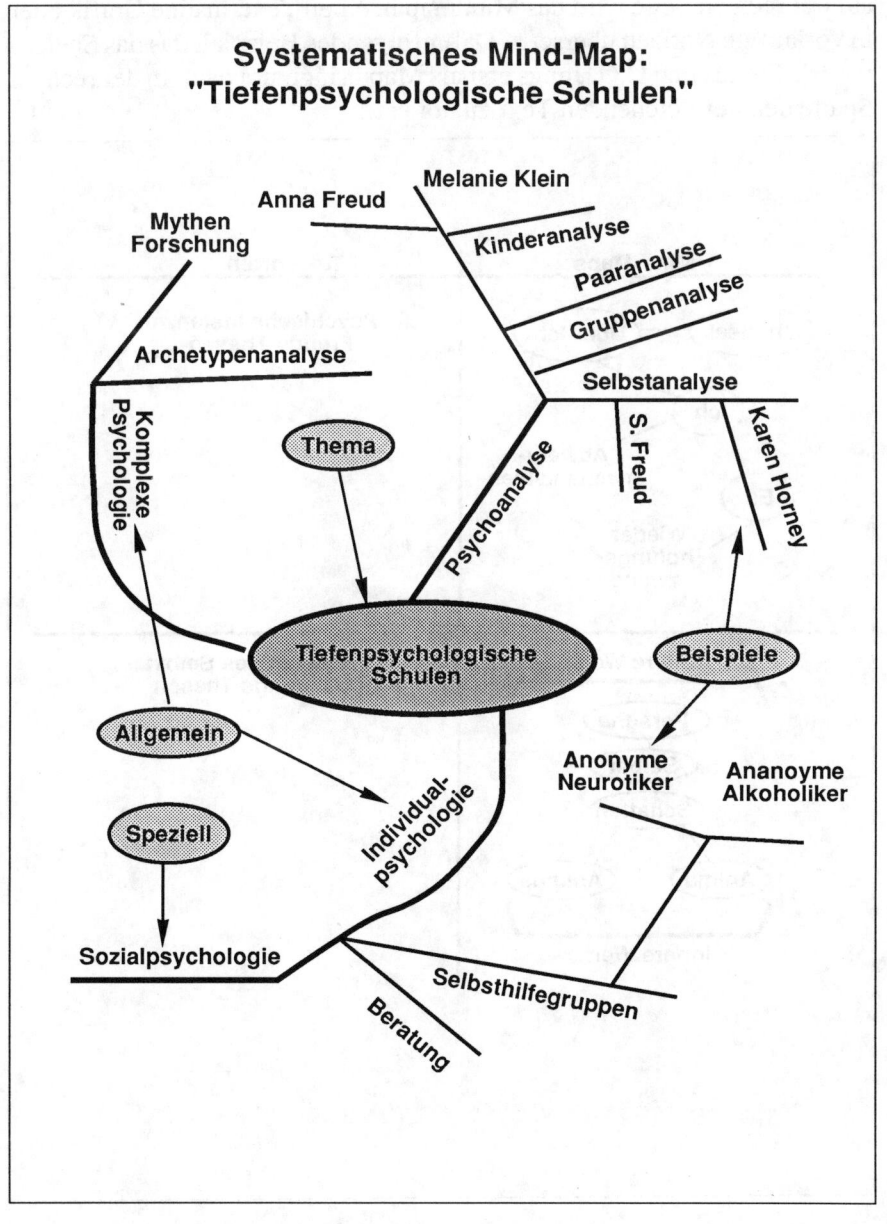

Beim Übergang **vom Mindmap zum Text** sollte man in zwei Spalten arbeiten. Auf der linken Seite eines Blattes zeichnet man das Mind-Map; auf der rechten Seite wird das Mindmap in einen Text, in eine Grafik oder in vorläufige Notizen übersetzt. Dafür folgendes Beispiel, das das Seelenmodell Freuds und C.G. Jungs erst als Map bringt, um dann in der rechten Spalte den vergleichenden Text zu notieren.

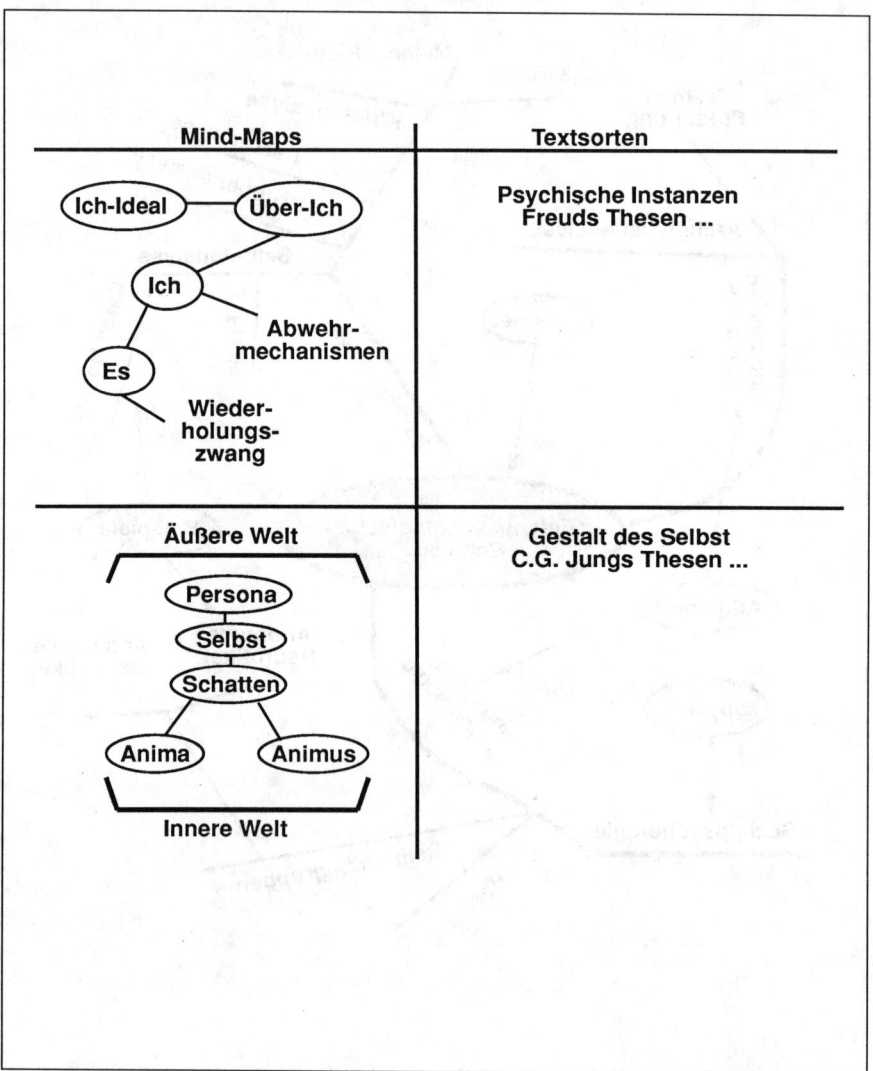

Die Arbeit mit den verschiedenen Mind-Maps führt in folgenden Schritten zu einem Einstiegstext in das Thema:

① Entspannen Sie sich und stellen Sie sich Ihr Thema bildlich vor.
② Schreiben Sie Ihr Kernwort und alle Einfälle und Bilder auf das Papier
③ **Lesen Sie dann Ihr Mindmap mehrmals durch**. Beim Lesen kommen Sie auf neue Zusammenhänge. Markieren Sie diese neuen Zusammenhänge mit Bunstiften.
④ Die entdeckten Zusammenhänge sollten Sie dann in einem kleinen Text auszuformulieren.

e) In Naturbildern visualisieren

Um einen Begriff von der logischen und organischen Struktur Ihres Themas zu gewinnen, ist die Ausformung des Themas in Naturfomen hilfreich. Bilden Sie **Themenbüsche** und **Themenbäume** . Der Stamm ist der Kerngedanke Ihrer Arbeit, die Äste sind die Verzweigungen des Themas. Das Astwerk gliedert sich von Teilgedanken, zu Untergedanken und Konkretionen. Ein kleines Gedankensystem zum Thema ist ein Busch, ein großes Gedankensystem kann als Baum erscheinen (L. FLOWER: Problemsolving Strategies For Writing. San Diego 1989, S. 117-134). Zeichnen Sie einen Baum Ihrer Einfälle. Zeichnen Sie erst den Stamm. Das geschieht, indem Sie am unteren Ende eines leeren Blattes die drei bis vier wichtigsten Aspekte Ihres Themas aufschreiben, aus dem Sie dann jeweils drei bis vier Äste bilden, die Ihre Einfälle zum Thema umfassen können. Auf der folgenden Seite ein Themenbaum zum Thema: "Selbstanalyse"

Bei der Arbeit mit einem Themenbaum entsteht ein Einstiegstext in folgenden Schritten:

① Stellen Sie sich Ihr Thema in Bildern vor.
② Unterscheiden Sie zwischen den Grundideen zum Thema und den Folgeideen.
③ Aus den Grundideen bilden Sie den Stamm, aus den Folgeideen werden die Zweige.
④ Betrachten Sie Ihren Baum solange, bis Ihnen Zusammenhänge zwischen den Stammelementen und der Vielzahl der Zweige auffallen.
⑤ Schreiben Sie Ihre Entdeckungen in einigen Sätzen auf.

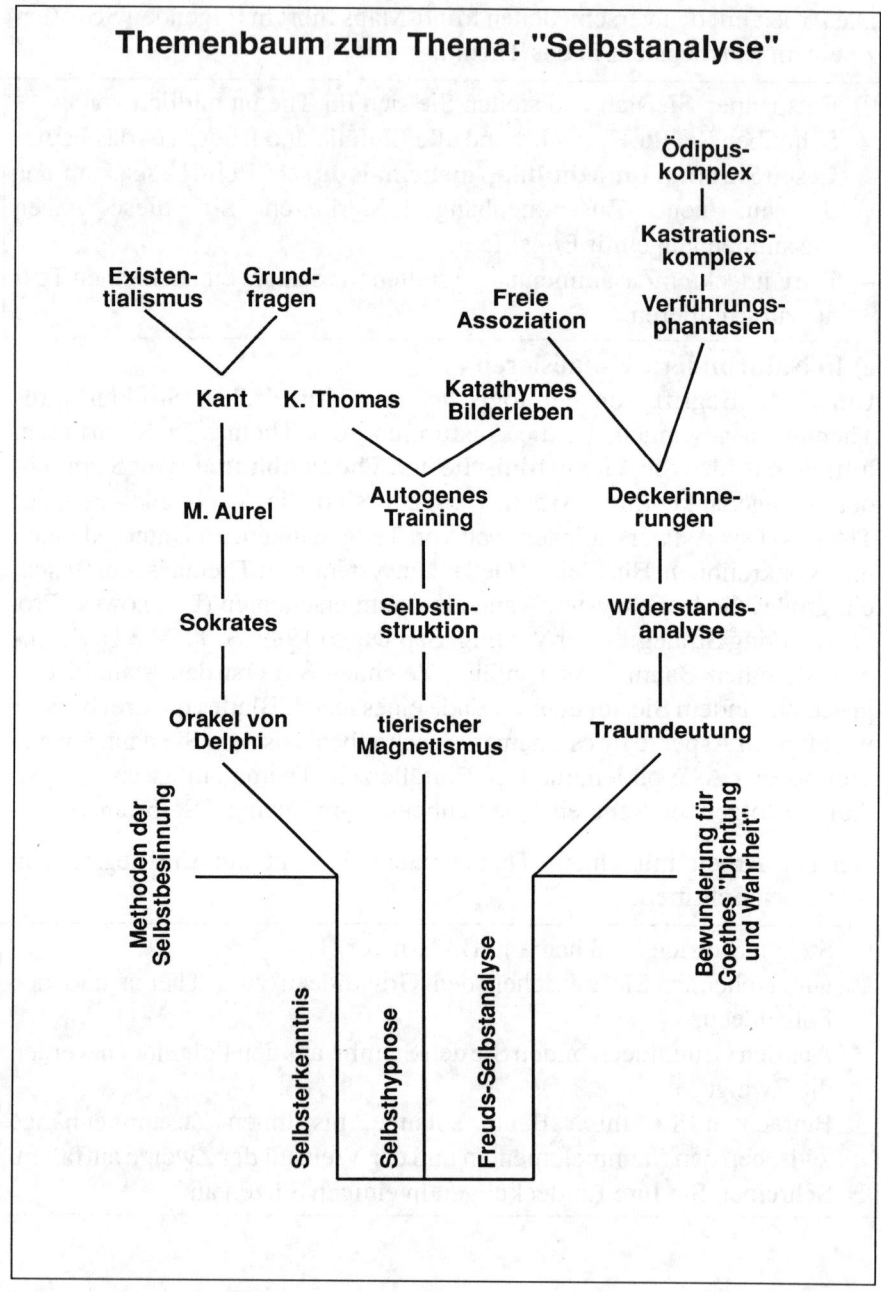

Themenbaum zum Thema: "Selbstanalyse"

f) Begriffe anschaulich machen

Im wissenschaftlichen Denken verbindet sich Begriff und Anschauung, Wesen und Erscheinung. Um diese Verbindung vielfältig zu erschließen, sollten Sie "**Leitern**" entwickeln. Jede Leiter besitzt vier Stufen, die zwischen Wesen und Erscheinung oder umgedreht gespannt werden. Die **deduktive Leiter** umfaßt auf Stufe ①einen Begriff, eine Hypothese, den Aspekt einer Theorie, die Stufe ② umfaßt eine Konkretion, die Stufe ③ ein Beispiel, die Stufe ④ ein Detail des Beispiels.

Im folgenden ein Beispiel für eine **deduktive Leiter**:

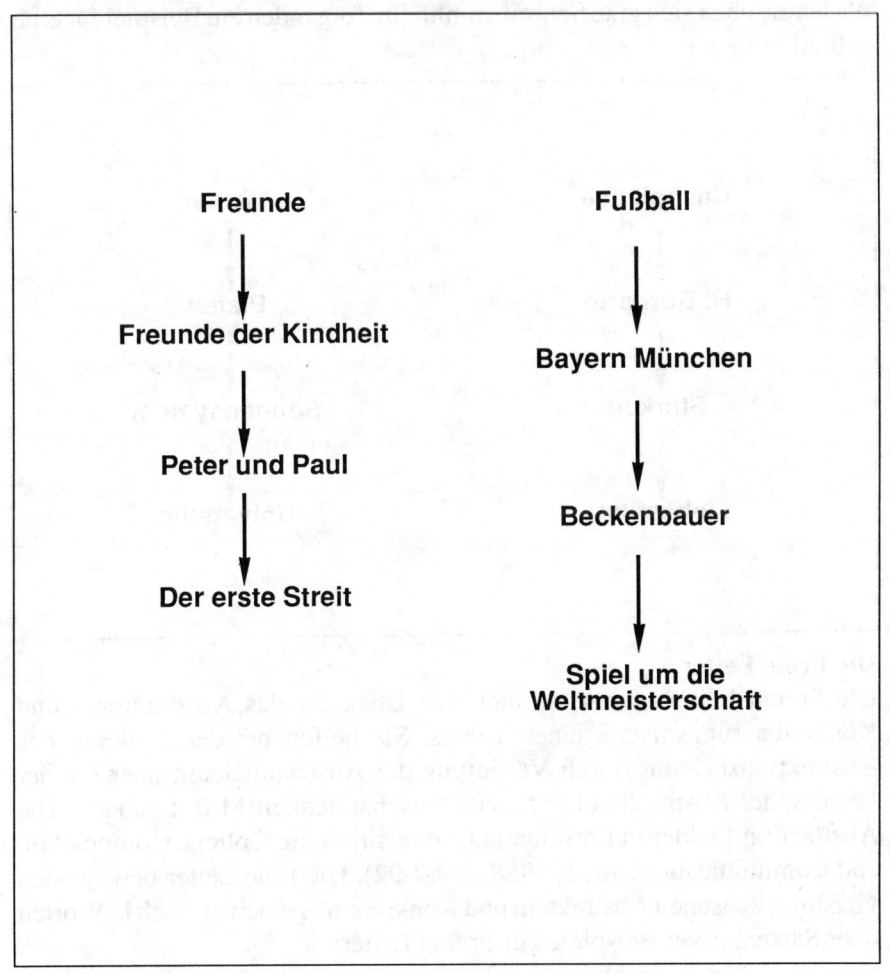

Die **induktive Leiter** bewegt sich von der Erscheinung zum Wesen. Sie umfaßt folgende Stufen:
① Detail
② Konkrete Beschreibung der Fallstruktur
③ Beispiel für einen Fall
④ Bildung einer Hypothese
Zu jedem Teilaspekt Ihres Themas, zu den wichtigsten Begriffen Ihrer Arbeit, können Sie deduktive und induktive Leitern bilden. Durch die vielfältige Vermittlung von Begriff und Anschauung, Erscheinung und Wesen ergeben sich gute Schreibstimuli. Im folgenden ein Beispiel für eine induktive Leiter

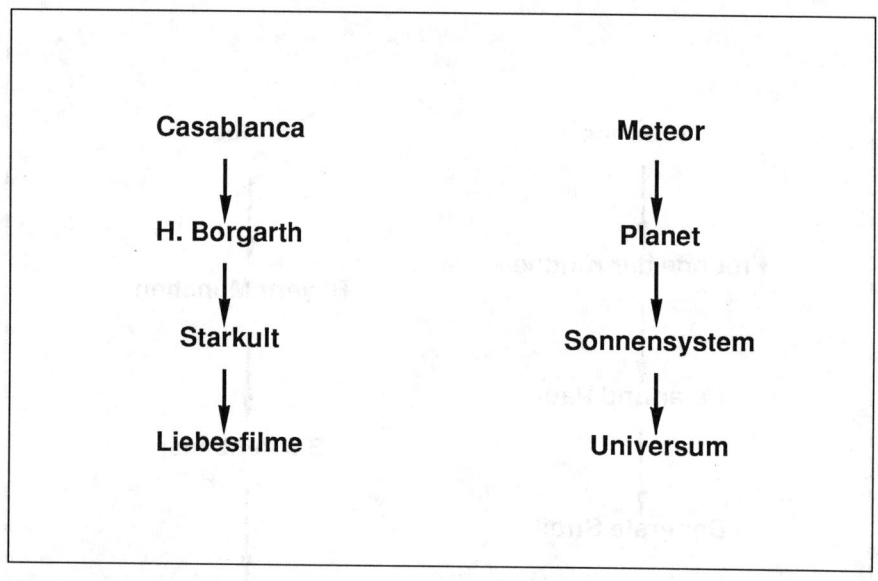

Die Freie Leiter
Die Freien Leitern schärfen auch den Blick für das Abstraktions- und Konkretisierungsniveau eines Textes. Sie helfen bei der Senkung des Abstraktionsniveaus durch Vertiefung der Anschaulichkeit oder bei der Hebung der Abstraktion bei zu viel Anschaulichkeit(M.B. Seabury: The Abstraction Ladder in Freshmann Composition. In: College Composition and Communication. 40, 1, 1988, S. 89-92). Die freie Leiter bewegt sich vielstufig zwischen Abstraktem und Konkretem. Sie bewegt sich in Worten oder Sätzen. Zwei Beispiele zur Freien Leiter:

a) Freie deduktive Leiter in Worten

Gesundheit
Landschaft
Bauernhof
Kühe
Pflanzen
der Hund "Lassie"

b) Freie deduktive Leiter in Sätzen

Mein Deutschunterricht war gut.
Lehrer A. machte interessante Kontakte.
Lehrer A. sprach direkt mit den Schülern.
Lehrer A. sprach auch über Autos.
Lehrer A. Sprach über sein Auto.
Lehrer A. half uns bei der Reparatur von Edi´s Auto.

Um mit Leitern von einer Themenidee zu einem Text zu kommen, sind folgende Schritte notwendig:

① Vorstellung des Themas im inneren Bewußtsein.
② Klärung der abstrakten und konkreten Aspekte des Themas.
③ Zeichnung der deduktiven und induktiven Reihe dieser Aspekte als Leiter.
④ Mehrfaches Lesen der Leiter induktiv und deduktiv (von oben und von unten), um weitere Aspekte des Themas zu erschließen.
⑤ Aufzeichnung der Entdeckungen in einigen Sätzen.

g) Forschen
Schreiben Sie alle Fragen auf, die Ihr Thema für Sie aufwirft. Finden Sie die Fragen heraus, die Sie als nächstes beantworten müssen. Die wichtigsten Fragen zum Schreibspiel **Frageliste** lauten: Was ist der Gegenstand Ihres Themas? Welche Teile hat Ihr Gegenstand und wie hängen sie zusammen? Wie weit ähnelt Ihr Thema anderen Themen und wie weit ist es von anderen Themen unterschieden? Wie weit kann sich Ihr Thema ändern? Wie weit bleibt es sich gleich? Welchen Stellenwert hat Ihr Thema in der Wissenschaft?(C.J. THAISS: Write to the Limit. Fort Worth 1991, S. 99f.)

Doppelhirn-Methode

Aus der Gehirnforschung ist die These bekannt, daß das linke Gehirn die rationalen Ideen, das rechte Gehirn die Gefühle und Metaphern produziert. Bilden Sie deshalb zwei Spalten. Die linke Spalte nimmt erst in assoziativer Reihenfolge die rationalen Einfälle zum Thema auf, die rechte Spalte die Gefühle und Metaphern. Nun ein Beispiel der Doppelhirnmethode zum Thema "**Urgeschichte**"

Ratio	Gefühl
Jäger und Sammler	lange, schwere Jagden
Höhle	Dunkelheit, Kälte
Zeichnungen	mühsames Ritzen
Jagdzauber	Angst vor den Tieren
Schamane	Trommeltanz und Ekstase

Mit dem Doppelhirn-Zweispalter kommt man in folgenden Schritten zu einem Text:

① Meditieren Sie über Ihr Thema.
② Sammeln Sie erst links die Ideen.
③ Ergänzen Sie rechts die Gefühle.
④ Formulieren Sie nun erste Sätze, die linke Begriffe mit rechten Gefühlen verbinden.

i) Gliedern

Es gibt drei einfache Gliederungsformen:
- Freie Einfälle
- Hauptworte
- Sätze

Bei der Sammlung freier Einfälle zum Thema stellen Sie sich folgende Fragen: Was weiß ich noch nicht zu diesem Thema? Wie stark ist mein Gefühl, daß ich mich mit diesem Thema anfreunden kann? Wieviel habe ich über das Thema schon geschrieben?
Besonders die erste Gliederungsform, die Sammlung freier Einfälle ist nützlich, wenn man sich ganz neu mit dem Thema beschäftigt. Aus der Sammlung freier Einfälle wird im Zuge der weiteren Arbeit an dem Thema eine Gliederung in Hauptworten und dann vielleicht eine Gliederung in Sätzen.

Kubusspiel

Sie sollten Ihr Thema in einer halben Stunde aus den sechs verschiedenen Perspektiven der klassischen Rhethorik betrachten und Ihre Betrachtung sofort aufschreiben.

a. **Beschreiben** Sie das Thema

b. **Vergleichen** Sie es mit einem ähnlichen Thema

c. **Assoziieren** Sie, was Ihnen an dem Thema bekannt vorkommt

d. **Analysieren** Sie, welche Geschichte das Thema hat

e. Untersuchen Sie die **Anwendungsform** Ihres Themas

f. Welche **Argumente** sprechen für und welche Argumente sprechen gegen das Thema.

(Vgl. R.B. Axelrod, L.R. Cooper: The St. Martins Guide to Writing a.a.O., S. 372, B. Carter, C. Skates: The Reinehart Handbook for Writers Fort Worth 1990, S.334f)

Sechs W-Fragen

Um die Bestandteile Ihres Themas schnell zu erkennen, stellen Sie die fünf W-Fragen an das Thema: Was? Wer? Wann und Wo? Warum? Wie? Sie erfassen so die Handlung, den Handelnden, das Handlungssetting, die Handlungsmotive und die Handlungsmethode, die in Ihrem Thema möglicherweise stecken.

Vorstellung der Kurzfassung

Sie können Ihr Thema erweitern und vertiefen, indem Sie eine Zusammenfassung Ihrer Ideen unterschiedlichen Personengruppen vorstellen:

- Fachleuten
- Studienkollegen
- Laien
- Verwandten und Freunden

Bei einer solchen Vorstellung erleben Sie folgende Stufen der Themenkonkretisierung:

① Durcharbeitung und Profilierung Ihrer Informationsfülle zum Thema.
② Kritisches Feedback zu Ihren Themenschwerpunkten bei der Vorstellung des Themas vor ausgewählten Personen.
③ Anregung zur Neufassung Ihrer Themenordnung.
④ Neue Impulse zum Schreiben.

Aufgabe

Wir haben Ihnen verschiedene Techniken für den Schreibstart vorgestellt. Sie sollen nun noch einmal als Cluster erscheinen. Vertiefen Sie sich in das Cluster der Schreibtechniken und wählen Sie dann aus, welche Technik Sie für Ihr Thema ausprobieren wollen.

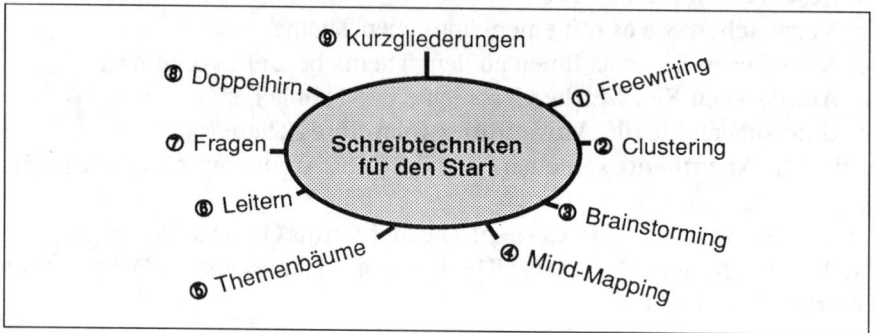

(vgl. J. GOULD: The Writer in All of Us. New York 1989, S. 40)

j) Arbeit mit Schemata

Albert Einstein gestand: "Mein Denken baut auf mehr oder weniger klaren Bildern auf, die bald sichtbar, bald spürbar sind." Die Darstellung dieser Denkbilder, die wissenschaftliche Texte schreiben helfen, geschieht in Schemata. Diese Schemata fassen die zentralen Hypothesen des Textes zusammen und stellen das Bild der "dunklen Idee" dar, um die im Schreibprozeß gerungen wird.

Bei großen Autoren tauchen derartige Schemata häufig auf. Hier nun einige Beispiele:

Karl Marx zeichnete in Anlehnung an den Ökonomen Quesnay am 6.Juli 1863 ein "Tableau Oeconomique", um den gesamten Prozeß des Wirtschaftskreislauf in den Abteilungen

I. Lebensmittel

II. Maschinerie und Rohstoffe

III Gesamtprozeß

darzustellen. Als Gedankenstütze setzte Marx darunter das "Tableau Oeconomique" seines Rivalen Quesnay

Sigmund Freud stützte sich während der Arbeit an seiner Sexualtheorie auch auf Schemata (s. Abbildungen auf folgenden Seiten).

Karl Marx: Schema des Wirtschaftskreislaufes

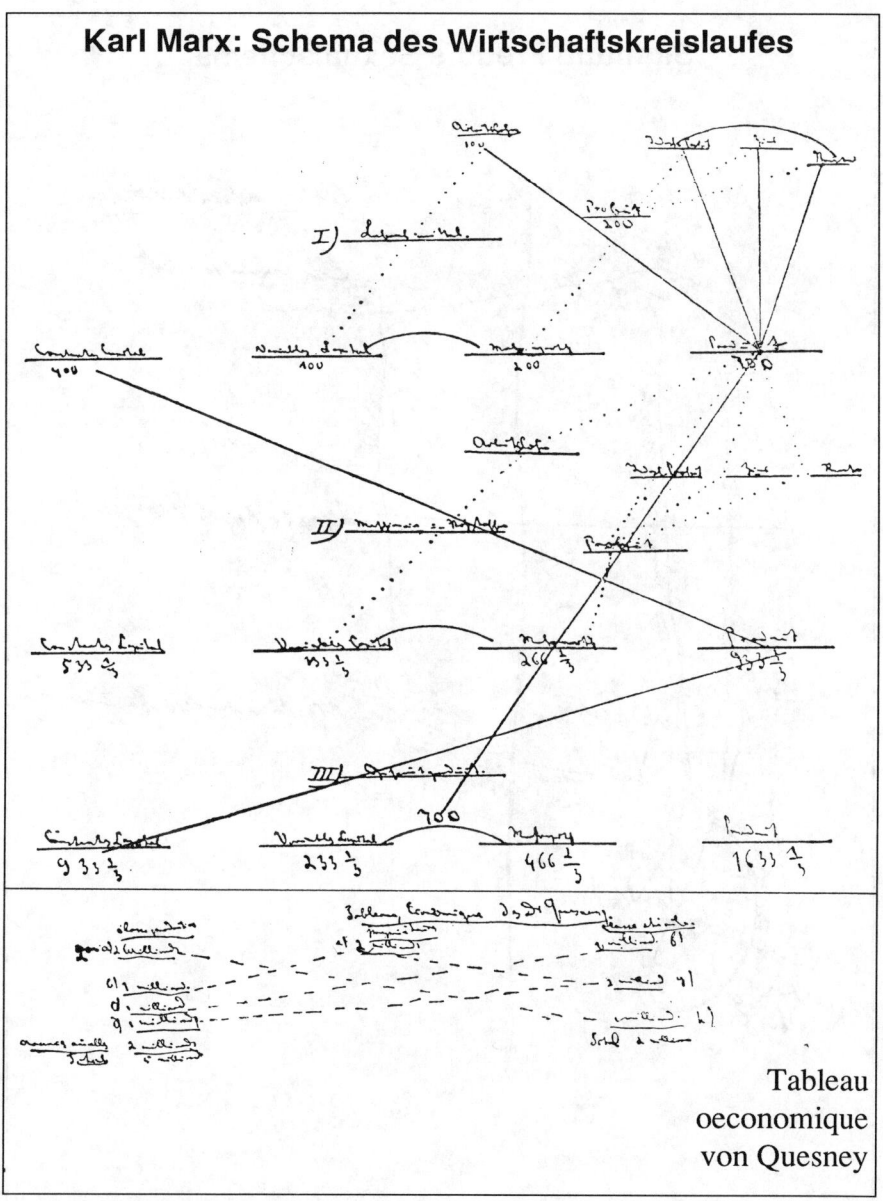

Tableau
oeconomique
von Quesney

Aus: K. MARX, F. ENGELS: Briefe über "das Kapital". Berlin 1954, S. 120-123

Sigmund Freud´s Sexualschema

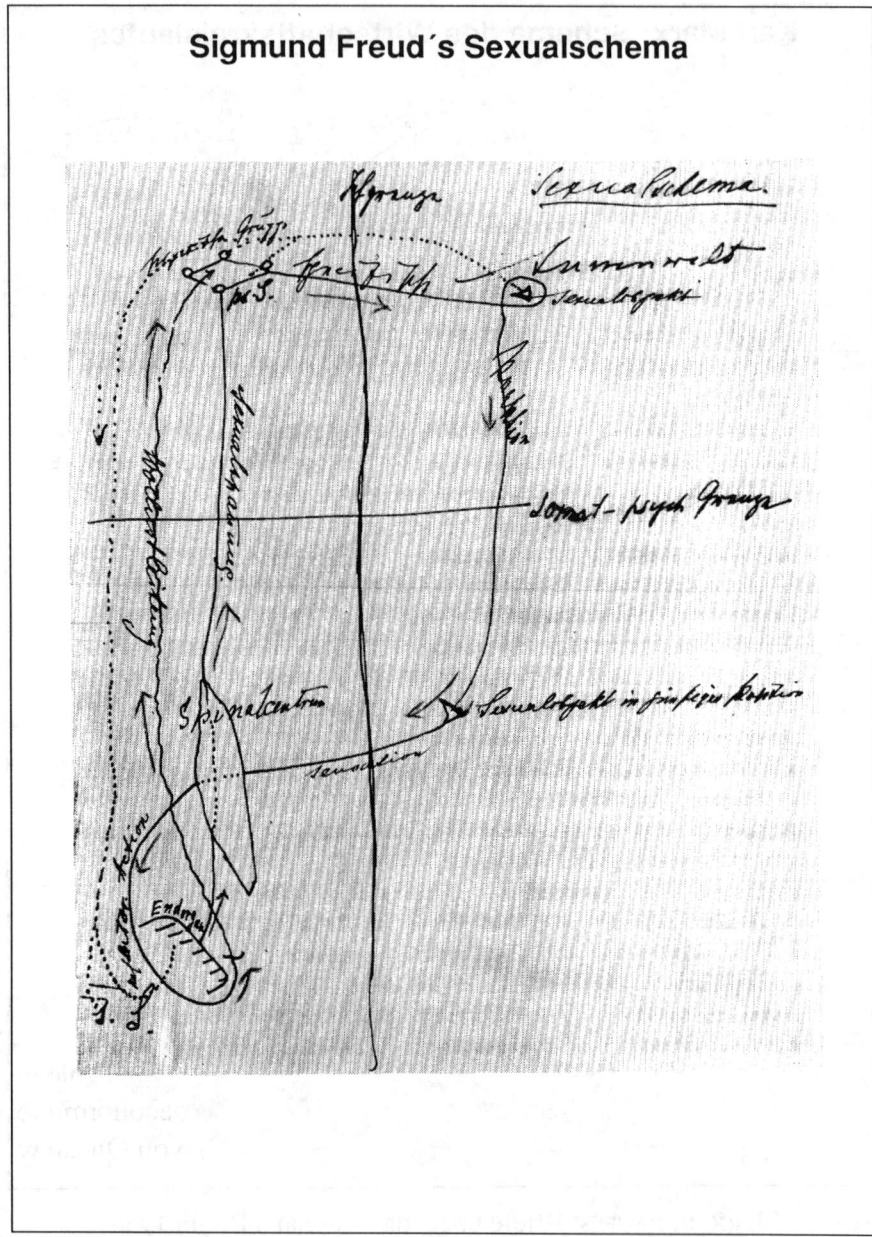

Aus: S. FREUD: Briefe an Wilhelm Fließ. Frankfurt 1986, S. 99

Sigmund Freud´s Sexualschema - Umzeichnung

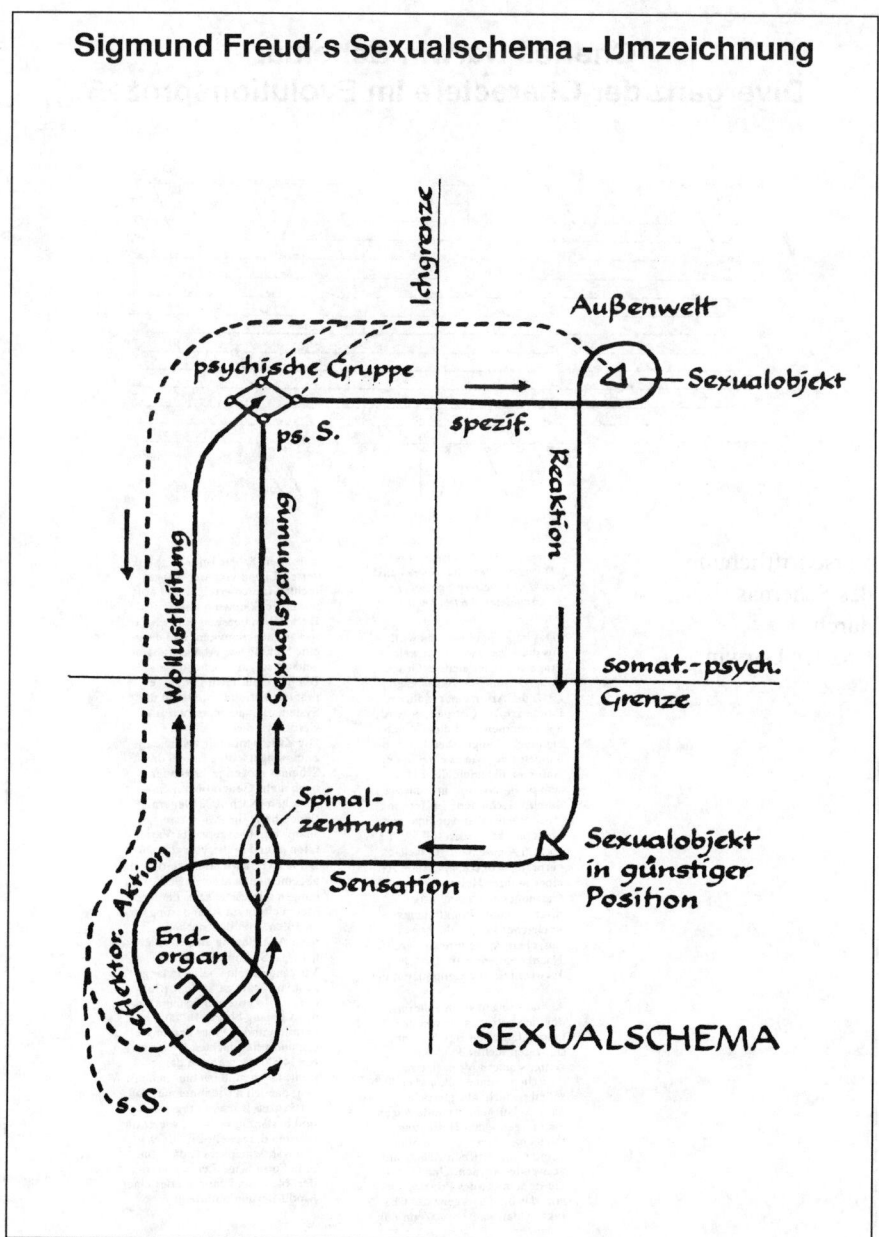

Aus: S. FREUD: Briefe an Wilhelm Fließ. Frankfurt 1986, S. 571

Charles Darwin´Schema:
Divergenz der Charactere im Evolutionsprozeß

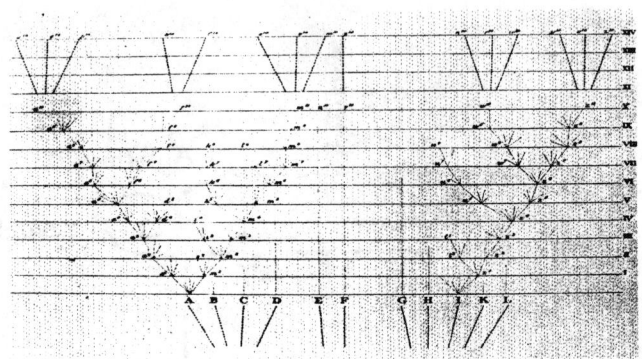

**Verschriftlichung
des Schemas
durch
Charles Darwin:**

*Schematische Darstellung der
»Divergenz der Charaktere« aus
Darwins Origin of Species. Im
4. Kapitel des Buches heißt es
dazu:*

»Das beigefügte Schema wird
uns diese ziemlich verwickelte
Frage verstehen helfen. Gesetzt,
es bezeichnen die Buchstaben *A*
bis *L* die Arten einer in ihrem
Lande großen Gattung; es wird
angenommen, daß diese Arten
einander in ungleichen Graden
ähnlich sind, wie es eben in der
Natur so allgemein der Fall zu
sein pflegt und was im Schema
durch verschiedene Entfernung
jener Buchstaben voneinander
ausgedrückt werden soll. ... Es
sei nun *A* eine häufige, weit-
verbreitete und abändernde Art
einer in ihrer Heimat großen
Gattung; der kleine Fächer
divergierender Punktlinien von
ungleicher Länge, die von *A*
ausgehen, möge ihre variierende
Nachkommenschaft darstellen.
Es wird ferner angenommen, die

Abänderungen seien außeror-
dentlich gering, aber von der
mannigfaltigsten Beschaffenheit,
sie träten nicht alle gleich-
zeitig, sondern oft nach langen
Zwischenräumen auf, und endlich
sollen sie nicht alle gleich lange
dauern. Nur jene Abänderungen,
die in irgendeiner Beziehung
nützlich sind, werden erhalten
oder zur natürlichen Zuchtwahl
verwendet werden. Und hier tritt
die Bedeutung des Prinzips her-
vor, das die Divergenz des Cha-
rakters darbietet; ... Wenn nun

in unserem Schema eine der punk-
tierten Linien eine der waagerechten Linien erreicht und dort
mit einem kleinen numerierten
Buchstaben bezeichnet erscheint,
so wird angenommen, daß darin
eine Summe von Abänderungen
gehäuft sei, ausreichend zur
Bildung einer recht gut ausge-
prägten Varietät, wie sie in die
Systematik aufgenommen zu
werden verdient.
Die Zwischenräume zwischen je
zwei waagerechten Linien des
Schemas mögen je 1000 oder
noch mehr Generationen entsprechen. Nach 1000 Generationen hätte die Art *A* zwei
ziemlich gut ausgeprägte Varietäten a^1 und m^1 hervorgebracht.
Diese zwei Varietäten werden im
allgemeinen denselben Bedin-
gungen ausgesetzt sein, die ihre
Stammeltern zur Abänderung ver-
anlaßten, und das Streben
nach Abänderung an sich ist erb-
lich. ... So können wir den
Vorgang für eine beliebig lange
Zeit von Stufe zu Stufe fortfüh-
ren. ... In unserem Schema ist
der Vorgang bis zur 10.000. Generation und in einer gedräng-
ten und vereinfachten Weise bis
zur 14.000. Generation dargestellt. Doch muß ich hier bemerken, daß ich nicht annehme, daß
der Prozeß jemals so regelmäßig
und beständig verläuft, wie er im
Schema dargestellt ist ...: es ist
viel wahrscheinlicher, daß eine
jede Form lange Zeit unverän-
dert bleibt und dann wieder einer
Modifizierung unterliegt.«

Aus: S. SCHMITZ: Charles Darwin. Düsseldorf 1983, S. 94-95

Charles Darwin verdeutlichte sich die Ausdifferenzierung von Charakteren im Evolutionsprozeß durch die "schematische Darstellung der Divergenz der Charactere" (s. Abbildung auf der nebenstehenden Seite). Aus diesen Schemata kann der junge Wissenschaftler lernen, daß er sich beim Schreiben um eine frühe Schematisierung der Grundideen seines Textes bemühen muß. **Aufgabe:** Bevor Sie einen Text schreiben, zeichnen Sie erst einmal ein Schema der Grundgedanken Ihres Textes. Stützen Sie sich dabei auf die Beispiele von Marx, Freud oder Drawin.

2.2 Schreibstimuli

Wenn Sie Schwierigkeiten haben sich mit einem Thema einzulassen, benutzen Sie folgende Assoziations- und Visualisierungstechniken:

Verfremdung der Wahrnehmung. Versetzen Sie sich in die Rolle eines Journalisten, der für eine Zeitschrift einen Artikel über Ihr Thema schreiben soll und benutzen Sie alle Techniken der Recherche, um mehr über Ihr Thema zu erfahren. Suchen Sie sich Menschen, die sich gut mit Ihrem Thema auskennen und befragen Sie diese. Formulieren Sie für eine Diskussion alle Thesen, die Sie zu Ihrem Thema vortragen wollen. Borgen Sie sich viele Bücher zu Ihrem Thema und lesen Sie nur die Abschnitte in den Büchern, die Sie interessieren. Achten Sie auf die Emotionen, die Ihr Thema in Ihnen hervorruft (Furcht, Angst, Traurigkeit, Fröhlichkeit, Ruhe, Nervosität). Je mehr Sie Ihre Gefühle zu Ihrem Thema kennenlernen, um so mehr dringen Sie in die Interessen ein, die Sie mit der Bearbeitung Themas befriedigen wollen und die Sie am Schreiben halten oder Ihr Schreiben bremsen.

Informationen sammeln
Legen Sie sich eine Kartei an mit alphabetischen Stichworten zu Ihrem Thema. Eine andere Kartei mit bibliographischen Angaben. Sammeln Sie alle Texte, die zu Ihrem Thema passen. Gehen Sie in die größte Bibliothek, benutzen Sie dort den Schlagwortkatalog. Nachschlagewerke aus verschiedenen Wissenschaften im bibliographischen Lesesaal der Bibliothek können Ihnen Ihr Thema genauer erklären und verweisen zugleich auf weitere wichtige Literatur. Außerdem können Sie sich per Computer themenbezogene Literaturlisten ausdrucken lassen, wenden Sie sich deshalb an einen Bibliothekar. Sammeln Sie die Namen der wichtigsten Autoren zu

Ihrem Thema und besorgen Sie sich Biographien oder Autobiographien dieser Autoren. Sie bekommen so einen privaten engen Kontakt zu diesen Autoren und deren Gedanken werden Ihnen biographisch konkret und damit faßbar. Sie verstehen die Argumente dieser Autoren besser und können die Grenzen ihres Denkens im Rahmen ihrer Zeit, ihrer Lebenswelt und Familienstruktur besser kennenlernen.

Bewußtseinssteigerung

Wer an einem Thema arbeitet, verändert sein Bewußtsein. Die Welt wird reduziert und vertieft sich zugleich. Man stößt nun auf den lebendigen Prozeß der Wissenschaft. Zu dem eigenen Thema gehören Netzwerke von Personen, Zyklen von Tagungen und Kongressen, Zeitschriften und Buchreihen, Verlagen, Nachrichten in Rundfunk und Fernsehen; Konkurrenten, die am gleichen Thema arbeiten usw. Vertiefen Sie Ihre Sinne, tauchen Sie in die neue kleine Welt Ihres Themas ein. Knüpfen Sie Kontakte in dieser Welt, besuchen Sie Tagungen, rufen Sie Teilnehmer des Netzwerkes an und nehmen Sie an öffentlichen Tagungen aktiv teil, übernehmen Sie möglichst Protokolle, das stärkt Ihr Ansehen. Gehen Sie mit wichtigen Informanten auf ein Bier. Oft ist der informelle Teil des Netzwerkes oder einer Tagung zum Thema wichtiger als der formelle Teil. "Das ist eines der wichtigsten Dinge beim Schreiben, es erweitert Ihr Bewußtsein über die Welt um sie herum." (D.M. MURRY: Write to Learn. a.a.O., S. 49)

Spielen Sie Kamera

In den Sozial- und Geisteswissenschaften kommen viele Themen auch im Alltagsleben vor. Zum Beispiel wird überall erzogen, Gesellschaft findet in der Familie und vor der Haustür statt, Poltik wird ständig veröffentlicht. Identifizieren Sie die sozialen Orte Ihres Themas. Entwerfen Sie einen Beobachtungs- oder Fragebogen, mit dem Sie den Ort Ihres Themas aufsuchen. Schreiben Sie dort Ihre Erfahrungen auf wie ein Ethnologe, der einen fremden Stamm bei einer Initiationszeremonie beobachtet. Auch bei jeder Bewegung in der Gesellschaft achten Sie darauf, ob Sie Ihrem Thema empirisch ansichtig werden, ob Sie Orte Ihres Themas entdecken können und Wege, wie Sie zu diesen Orten gelangen können. Eine erhebliche Erweiterung Ihrer Information zu Ihrem Thema erlangen Sie dann, wenn Sie sich emphatisch mit den Personen, die mit Ihrem Thema zu tun haben, identifizieren. "Diese emphatischen Imaginationen liefern keine Fakten, aber Sie können uns die faktischen Verhältnisse verstehen lernen von der Welt, die wir beobachten." (D.M. MURRY: Write to Learn. a.a.O., S. 250)

Vertiefen Sie sich in Ihr Thema

Damit Ihnen Ihr Thema klarer wird, sprechen Sie nun einerseits über Ihr Thema mit Assistenten und Professoren, die das Thema bewerten sollen. Achten Sie darauf, wie Ihr Unbewußtes mit dem Thema umgeht. Achten Sie auch auf Ihre Träume, deuten Sie Ihre Träume und sehen Sie zu, was Ihr Unbewußtes zu Ihrem Thema zu sagen hat. Meißt heißt sich in ein Thema zu vertiefen, es einzugrenzen. Je enger Sie Ihr Thema fassen, um so mehr können Sie es vertiefen. Sammeln Sie einmal alle Gründe, die für eine Themabegrenzung sprechen.

2.3 Schreibstafette beim Beginn des wissenschaftlichen Schreibens

Beim Beginn des wissenschaftlichen Schreibens können Sie auch die wichtigsten Schreibtechniken zu einer Schreibstafette zusammenstellen. Sie entwickelt sich vom ersten Wort zum Thema bis zu kleinen Texten. Sie umfaßt folgende Übungen zu Ihrem gewählten Thema:

- Meditieren Sie
- Machen Sie zu Ihrem Thema ein Brainstorming in der Seminargruppe
- Freie Assoziation zum Thema
- Assoziationskette
- Schnelles Schreiben
- Automatisches Schreiben
- Arbeiten Sie mit dem Cluster
- Benutzen Sie Mind-Maps
- Bilden Sie induktive und deduktive Leitern
- Malen Sie Büsche und Bäume
- Gliedern Sie Ihr Thema: Vergleich, Beziehung, Grenzen, Wissensstand
- Stellen Sie alle möglichen Fragen an Ihr Thema
- Probieren Sie Schreibstimuli zum Thema aus: Lesen, Informationen sammeln, Bewußtseinssteigerung, Kamera spielen, Thema vertiefen.

3 Kreative Methoden für die Schaffung von Schreibstimuli am Material

In der zweiten Phase wird das Thema erforscht und das Material gesammelt, das zum Thema paßt. Dafür ist es zuerst wichtig zu klären, welche Arten von Informationen man für die Bearbeitung des gewählten Themas braucht.

Informationssortiment

Gehen Sie folgende Liste durch und kreuzen Sie an, welche Informationen Sie für die Bearbeitung Ihres Themas brauchen können:

- Fakten
- Statistiken
- Beobachtungen
- Berichte
- Befragungen
- Anekdoten
- Theorien
- Bilder
- Prinzipien
- Gedichte
- Fragen und Antworten
- Grundmuster
- Probleme und Problemlösungen
- Ideen
- Prozesse
- geschichtliche Perspektiven

Um an derartige Informationen zu kommen, gibt es folgende kreative Methoden der Informationssammlung:

Die Suche nach Schreibstimuli

Achten Sie darauf, welche Information zum Thema Ihre offenen Sinne und Ihr gespanntes Interesse Ihnen zuspielen: Gedanken, Gefühle, Erinnerungen, Hinweise in den Medien, der Presse. Auch im täglichen Lesefutter können durchaus Hinweise auf Ihr Thema enthalten sein. Sammeln Sie alle Informationen, die Sie zum Schreiben reizen. Sie müssen immer viel mehr Informationen haben, als Sie schließlich in Ihrer Arbeit verwenden können. Beachten Sie das von Anfang an.

Erinnerungen

Unser passives Gedächtnis ist weit größer als unserer aktives Gedächtnis. Am Leitfaden unserer Autobiographie umfaßt unser passives Gedächtnis viele Informationen, die wir für unsere Arbeit fördern müssen, um Sie im Schreibprozeß nutzen zu können. Achten Sie auf Kindheitserinnerungen, die das Thema bei Ihnen anstößt, Sie könnten wichtige Fingerzeige für Ihr Schreiben enthalten. Stellen Sie sich einmal folgende Frage: Welche Kindheitserinnerungen habe ich zu meinem Thema?

Lesen

Es gibt viele Arten zu Lesen. Wichtig für die Sammlung von Informationen zum Thema ist das **schnelle Lesen**. Es eröffnet die Möglichkeit, wichtige Informationsquellen zu entdecken, die dann mit dem zweiten **langsamen Lesen** erschlossen werden. Vorschlag: Protokollieren Sie einmal die Ergebnisse des schnellen Lesens und des langsamen Lesen eines Textes.

Absahnen

Oft finden wir beim Lesen nicht die richtigen Information. Um die wichtigsten Informationen zu erkennen, ist folgende Absahnliste nützlich:

①   Titel der Quelle
②   Name des Autors und sein Verhältnis zum Thema
③   Inhaltsverzeichnis prüfen, ob es Abschnitte zum Thema enthält
④   Prüfung der Register, ob wichtige Stichworte verzeichnet sind, die zum Thema gehören
⑤   Prüfung der Bibliographie, um weiterführende Literatur zu finden.

Haben Sie wichtige Stellen im Buch entdeckt, schreiben Sie Zusammenfasssungen, Exzerpte, eine Kurzbesprechung des Buches, ein Glossar der wichtigsten Begriffe.

Hinweis: Probieren Sie es aus, sahnen Sie mal ein zum Thema passendes Buch vollkommen ab.

Leute befragen

Fachleute genießen es, befragt zu werden. Bereiten Sie ein Interview vor. Entwickeln Sie wenigstens fünf Fragen. Wenn Sie ein Tonband benutzen, schreiben Sie sich auch Stichworte mit, das erleichtert die Arbeit mit den gewonnenen Tonbanddaten.

Hinweis: Überlegen Sie, welche Leute Sie zu Ihrem Thema befragen müssen und welche fünf Fragen Sie Ihnen stellen werden.

Telefon und Briefpost benutzen

Die meisten Texte der grauen Literatur (Kongreßberichte, interne Untersuchungen, Papers usw.) erhält man zu seinem Thema nur dann, wenn man über Telefon oder Brief an Institutionen, Akademien, Ämter und Forschungsinstitute herantritt.

Hinweis: Nennen Sie fünf Orte, die Sie massenkommunikativ für Ihr Thema kontakten können.

Bibliothek aufsuchen

Was der Wind für den Seemann, das ist die Bibliothek für den Schreiber. Die Bibliothek (Bezirks-, Uni-, Staats- oder Institutsbibliothek) haben Schlagwortkataloge, Bibliographien, Bibliothekare, die vieles wissen, was für Ihr Thema wichtig ist. Notieren Sie jeden Hinweis, den Sie durch eine Bibliothek bekommen.

Hinweis: Auch in der zweiten Arbeitsphase suchen Sie die wichtigsten Bibliotheken zu Ihrem Thema auf. Fertigen Sie mal einen Bericht in Ihrem Journal über diesen Besuch an.

Beobachtungen

Gehen Sie an den Ort, der wichtig für Ihr Thema ist. Alle fünf Sinne werden Ihnen dort Informationen über Ihr Thema zuspielen.

Hinweis: Klären Sie noch einmal, welches die wichtigsten Orte für Ihr Thema sind.

Beschreiben

Beschreibungen sind eine wichtige Grundform wissenschaftlichen Schreibens. Beschreibungen lassen sich steigern. Beginnen Sie mit der Beschreibung eines Platzes, einer Person, eines Platzes mit Person, Personen in Interaktion mit anderen Personen, eines Ereignisses, einer Idee, einer Theorie, die alle mit Ihrem Thema zu tun haben. Beschreibungen üben alle Qualitäten eines guten wissenschaftlichen Stils. Seien Sie also sehr genau, erwähnen Sie konkrete Details und konzentrieren Sie sich auf einen primären Hinweis.

Übung: Beschreiben Sie nun einmal genau das Fenster, aus dem Sie gerade blicken können.

Der Prozeß des Sammelns von Informationen begleitet den ganzen Schreibprozeß. Während des Sammelns von Informationen steht der Schreiber vor der Aufgabe, aus dem Chaos der Informationen das herauszufinden, was ihm für sein Thema nützlich ist und was für den Leser seiner Arbeit eine neue Information bedeutet. Der Schreiber sucht schon während des Sammelns von Informationen nach einem "roten Faden" seines Textes. Er konzentriert sich mehr und mehr auf einen Brennpunkt.

4 Kreative Methoden für die Entwicklung eines differenzierten Schreibkonzeptes: Der Brennpunkt

In der dritten Phase des wissenschaftlichen Schreibens geht es darum, für das gewählte Thema den Brennpunkt zu finden. Der Schreiber muß zudem sicherstellen, daß er diesen Brennpunkt weiterentwickeln kann. Alle bisherigen Schreibübungen sollten nun zur Unterstützung der Vertiefung des Brennpunktes einen Beitrag leisten.

Für diese neue Phase gibt es weitere kreative Methoden:

Auf den Anfang achten
Schon während des Prozesses des Sammelns von Informationen können sich die Gefühle, vor einem Textanfang zu stehen, verstärken. Wenn die Widersprüche des Themas zunehmen, die inneren Konflikte (die kognitive Dissonanzen) sich steigern, eine bestimmte Melodie des Textes sich einstellt und der behagliche Wunsch zu schreiben da ist, dann kann der Text beginnen. Er beginnt in verschiedener Erscheinung: Er beginnt z.B. als ein **Wort**, als ein Schlüsselwort, das das erste Aufblitzen des Brennpunktes anzeigt. Er beginnt als ein **Fragment**, ein Satz stellt sich ein, der viele Konnotationen für den Brennpunkt enthält oder es erscheint ein **Bild**, das alle wesentlichen Aspekte des Brennpunktes in einer Schlüsselszene umfaßt. Es gibt aber auch das Auftauchen einer **Liste von Wörtern**, die den Brennpunkt exakt umschreibt und schließlich erscheint der Anfang als ein **Impuls**, der sich als Frage darstellt, als Fakt, als wichtigstes Detail, als **roher Text** aus einem früheren Arbeitsschritt.
Aus dem Aufblitzen des Brennpunktes entsteht der erste Textentwurf. Dieser Entwurf muß schnell und völlig unkritisch niedergeschrieben werden. Mit diesem ersten Text ist der Weg zur Ausarbeitung des Brennpunktes beschritten.

Anfangsimpuls

Schreiben Sie einen ersten Entwurf Ihres Themas, eine Art roter Faden, ausgehend von einem Anfangsimpuls. Versuchen Sie das selbe mit einem Anfangswort, mit einem Anfangsfragment, mit einem Anfangsbild oder einer Anfangsliste.

Die eigene Stimme finden

Jeder Text, den man schreibt, spiegelt den eigenen Charakter wieder. Wer seinen charakteristischen Schreibstil kennt, wird schon ahnen können, was er aus dem Brennpunkt des Anfangs machen kann. Die Stimme des Textes macht Vorschläge für den roten Faden, wenn man in der Lage ist, auf diese Stimme zu hören.

Hinweis: Geben Sie mit Stichworten an, wie Ihr erster Entwurf erweitert werden könnte.

Kurzfassung

Schreiben Sie auf einer Seite nieder, was in Ihrer Arbeit stehen soll. Aber bedenken Sie, daß das weitere Schreiben ein Abenteuer ist. Halten Sie also alles offen. Kolumbus wollte Indien entdecken und das war nötig, damit er wenigstens nach Amerika kam.

Mit dem Ende beginnen

Schreiben Sie die letzten zehn Sätze Ihrer Arbeit und Sie haben eine gewisse Sicherheit, daß alle fehlenden Seiten vorher auch nach und nach auf das Papier kommen werden.

Schreibbilder

Sicher haben Sie aus der ersten Schreibphase noch ein Schreibbild: Ein Mindmap, einen Baum, eine Leiter, ein Cluster. Sehen Sie zu, ob es den Anstoß zur Ausgestaltung des Brennpunktes gibt. Zeichnen Sie für jedes Textdetail, das Sie nun erforschen wollen, ein neues Schreibbild, wie Sie es in der ersten Phase gelernt haben. Achten Sie aber auch auf spontane Bilder, die sich im geistigen Auge einstellen, wenn Sie an die Schreibarbeit gehen. Diese Bilder sind oft der entscheidende Wegweiser beim Schreiben.

Hinweis: Entwerfen Sie in Form von Kritzelzeichnungen ein paar "spontane Schreibbilder".

Wünsche des Lesers

Oft stellt sich der Brennpunkt des Textes besser ein, wenn man ihn aus der Sicht des Lesers des Textes beschreibt. Schreiben Sie eine Kurzfassung

Ihres Textes aus der Sicht eines "imaginären Lesers" oder aus der Sicht des prüfenden Assistenten bzw. des Hochschullehrers.

Auf Distanz gehen
In der Distanz sehen Sie Ihren ersten Text schärfer. Es fällt Ihnen auch mehr zu ihm ein. Überschlafen Sie Ihren Text und betrachten Sie ihn einen Tag später, vielleicht hat Ihr Unbewußtes ihn über Nacht ergänzt, vertieft und korrigiert.

Autobiographische Erzählungen
Beschreiben Sie die autobiographischen Motive, die Sie in der aktuellen Schreibphase an Ihrem Thema motivieren. Wählen Sie zwischen folgenden Schreibmotiven aus:

- Anderen Gefühle und Ideen mitteilen wollen
- Eigene Fähigkeiten vertiefen
- Ein Stück Selbstanalyse machen
- Eine Prüfung bestehen
- Dem Alltag entfliehen
- Andere Wissenschaftler widerlegen wollen

Auf diese Weise wird Ihnen Ihr Thema (auch in dieser Schreibphase) aus Ihrer subjektiven Motivation besser bekannt.

5 Kreative Methoden zur Gestaltung der Roh-, Überarbeitungs- und Endfassung des Textes

In der vierten Phase muß der endgültige Text entstehen. Auch das geht beileibe nicht mit einem Schlag. Sie müssen zuerst Ihre Endgliederung ordnen, dann die Rohfassung niederschreiben und schließlich durch Überarbeitung des Textes die Endfassung Ihres Textes herstellen. Für diese drei Arbeitsschritte der Endrunde gibt es folgende Techniken:

5.1 Techniken für die endgültige Gliederung

Die endgültige Gliederung des Textes muß stehen, bevor die letzte Arbeitsphase absolviert werden kann. Diese Gliederung muß folgende Elemente umfassen:

Elemente der endgültigen Gliederung

Die endgültige Gliederung muß **Mauern** haben, die die Textabschnitte richtig voneinander trennt. Sie muß ein **Zentrum** haben. Sie muß **Energie** ausstrahlen und schließlich **Beziehungen** aller inhaltlichen Elemente schaffen. Sie sollte schließlich auf ein **Resultat** abzielen.

Hinweis: Sehen Sie einmal nach, ob Ihre Gliederung Mauern, ein Zentrum, viel Energie, Beziehungen und ein Resultat aufweist.

Der vielversprechende Textanfang

Der Anfang eines Textes entscheidet über die Reaktion des Lesers. Am Textanfang erhält der Leser folgende Informationen: Den Schwerpunkt des Textes, den Kontext der Fragestellung, die Form, die Bedeutung des Textes, die Qualifikation des Schreibers, die Länge, das Tempo, die Gliederung und den Schluß des Textes. Hinweis: Überprüfen Sie Ihren Textanfang, ob er diese Gesichtspunkte schon erfüllt. Die Planung des Textanfanges sollte den Schreiber während der ganzen Textarbeit beschäftigen. Mehrere Entwürfe des Textanfanges sind Bestandteil einer gelungenen Gliederung.

Gesichtspunkte für einen guten Textanfang

Ein Textanfang muß etwas **Neues bieten**. Vielleicht beginnt er mit einer **Schlüsselanekdote** oder mit einem **Zitat**. Man kann ein **Problem** aufwerfen, eine **Frage**, die eine Perspektive beschreibt, die den Text prägen wird. Beim Textanfang kann auch eine **Person** geschildert werden, mit der sich der Leser leicht identifiziert. Eine **Szene** oder ein **Dialog** können den Leser von Anfang an in den Bann schlagen. Es könnte auch ein **Prozeß** beschrieben werden, der den Leser auf die Lösung gespannt macht.

Hinweis: Wählen Sie einen Gesichtspunkt und schreiben Sie danach Ihren Textanfang.

Überschriften

Die Überschriften und die Titel der Zwischenkapitel der Gliederung sind sehr wichtig. Sie leiten den Leser. Es ist gut, alle Überschriften im Brainstorming-Verfahren mehrfach zu formulieren. Erst die beste Überschrift sollte die endgültige sein.

Hinweis: Spielen Sie mit den wichtigsten Überschriften des Textes, legen Sie Varianten vor und entscheiden Sie sich dann für die beste Überschrift.

Schlüsse

Gute Textschlüsse sind wie gute Textanfänge. Wie der Textanfang kann auch der Schluß etwas **Neues bieten**, eine **Schlüsselanekdote**, ein **Zitat** enthalten, ein **Problem** aufwerfen, eine **Frage** stellen, eine **Person** schildern, einen **Prozeßanfang** aufzeigen.

Hinweis: Überprüfen Sie alle Schlußplanungen in Ihrer Gliederung auf einen leserfreundlichen Inhalt und prüfen Sie, ob einer der hier gewählten Schlüsse Ihnen zusagt.

Ehe Sie mit einer Rohfassung Ihres Textes beginnen, schreiben Sie wieder einen roten Faden, der alle Abschnitte der Gliederung berührt und in einen Zusammenhang bringt (J.A.W. Heffermann, J.E. Lincoln: Writing. A College Handbook, a.a.O., S. 31-35).

Es gibt viele verschiedene Formen der Gliederung, die wir Ihnen jetzt vorstellen wollen:

Die Klassische

Titel, Einleitung, Fragen und Antworten, Schluß.

Die Formale

Alle Abschnitte werden mit Nummern gekennzeichnet. Es entstehen numerierte Haupt- und Nebenabschnitte. Hier besteht die Gefahr, daß der Schreibfluß sehr stark kanalisiert wird.

Brainstormingliste

Es werden zwei Spalten angelegt. In die linke Spalte wird Anfang, Mitte, Ende des Textes eingetragen. In die rechte Spalte werden alle Einfälle eingetragen, die zu dieser Gliederung gehören.

Kastensystem

Jeder Abschnitt des Textes wird in einen Kasten geschrieben. Mit der Größe der Kästen können die Gewichte der Abschnitte markiert werden.

Fragen des Lesers

Jeder Abschnitt stellt die Antwort auf eine Frage des Lesers dar. Schreiben Sie für jeden Abschnitt die Leserfrage auf.

Flußdiagramm

Stellen Sie Ihre Gliederung einmal ganz verfremdet als Flußdiagramm dar, wie es in der Organisationssoziologie verwendet wird: Mit Kästen, Pfeilen, Black Boxes und der Darstellung der Entwicklung von Inputs und Outputs.

Karteikarten

Schreiben Sie jeden Abschnitt Ihres Textes in Kurzform auf eine Karteikarte. Mischen Sie die Karten, lesen Sie sie und bringen sie dann in eine Ordung, die dem Fluß der Gedanken am besten entspricht.

Schnellhefter

Bei langen Texten kann jeder Textabschnitt in einen Schnellhefter kommen, in dem dann auch alles Material gesammelt wird, das zur Bewältigung des Abschnittes gehört: Zitate, Exzerpte, Fotos, Artikel usw.

Hinweis: Probieren Sie wenigstens zwei Formen der Gliederung für Ihren Text aus und entscheiden Sie sich dann, welcher der bessere ist.

Spezielle Gliederungsstrategien

Man kann die generellen Ordnungsmuster für die Gliederung des Themas nutzen, die wir auch sonst beim Ordnunen unserer Erfahrungen gebrauchen.

Bei Ihrem Thema muß nun entschieden werden, welche Gliederungsstrategie nützlich ist und ob eine Mischung von Ordnungsprinzipien Ihrem Thema entsprechen könnte (J. BLUM u.a.: A Guide to the whole Writing Process, Boston 1988, s. 53-67).

Ordnungsstrategien	Ordnungsprinzipien
1. Vom Allgemeinen zum Besonderen	Ordnen Sie ihre Gliederung von einem allgemeinen Gesichtspunkt, dem Sie alles Besondere subsumieren
2. Vom Besonderen zum Allgemeinen	Ordnen Sie besondere Details, Fakten und Beispiele ihres Themas auf einen allgemeinen Gesichtspunkt
3. Nach dem Gefühl	Beginnen Sie mit dem weniger wichtigen und steigern Sie sich bis zum wichtigsten
4. Nach der Zeit	Beginnen Sie mit dem ältesten und schließen Sie mit dem neuesten
5. Ursachen / Wirkungen	Beginnen Sie mit den Ursachen und kommen Sie dann zu den Wirkungen (und umgekehrt)
6. Gleichheit / Unterschiede	Ordnen Sie nach Gleichheiten und Unterschieden
7. Wechsel	Ordnen Sie, indem Sie den Wandel aufzeigen
8. Ganzes und Teile	Ordnen Sie nach den Beziehungen der Teile zum Ganzen

5.2 Techniken für die Abfassung der Rohfassung und für die Bewältigung von Schreibblöcken

Mit dem Beginn der Rohfassung beginnt der Kampf mit den Schreib-blöcken (M. ROSE (Hrsg.): When a Eriter can´t write. New York 1985, M. ROSE: Writers Block. Carbondale 1984, LEANDER Z.: Writers Block. Baltimore 1991, I. MUNDIS: Break Writers Block now. New York 1991). Um mit dem Schreiben beginnen zu können, gilt die Regel: Schreiben Sie erst ganz schlecht, mit ganz niederem Anspruch und die Schreibblöcke werden nicht sehr stark. Sind Sie dann im Schreiben, können Sie Ihre Ansprüche steigern und sich freischreiben. Folgende Schreibtechniken für die Rohfassung sind in Amerika erprobt:

Schnell-Schreiben

Je schneller Sie schreiben, um so weniger kontrollieren Sie sich und es kommt etwas auf das Papier. Wenn Sie erst einmal schreiben, geht es dann ganz automatisch. Es geht darum, nicht über das Schreiben nachzudenken, sondern zu schreiben. Sie haben sich in drei Stufen auf das Schreiben vorbereitet. Jetzt lassen Sie es fließen. Schreiben Sie so schnell, daß der Zensor Ihnen nicht folgen kann (S. KAYE: Writing under Pressure. The Quick Writing Process. New York 1989). Denken Sie immer daran, der Duden ist **jetzt** reine Schundliteratur. Je mehr Angst Sie vor dem Schnell-Schreiben haben, um so schneller sollten Sie schreiben. Schnell-Schreiben schafft Ihnen gedankliche Zusammenhänge, auf die Sie beim ruhigen Grübeln nie und nimmer gekommen wären. Denken Sie daran, auch Heinrich von Kleist hat die wichtigsten seiner Gedanken im Gedankenfluß entwickelt. Nachzulesen in seinem Essay "Über die allmähliche Verferti-gung der Gedanken beim Reden."

In Schichten Schreiben

Diese Technik ist dem Malen von Ölbildern vergleichbar. Textschicht wird auf Textschicht gelegt. Erst kommt eine ganz rohe Fassung und auf diese wird durch Mehrfachschreiben die feinere Fassung gelegt. Es wird im Text durchaus gesprungen. Immer wird der Teil geschrieben, der gerade Spaß macht. Auch dieser Text wird später durch eine neue Textfassung abgelöst. Langsam wächst ein Text so zusammen, wie auch ein gutes Ölbild entsteht.

Lautes Schreiben

Viele Schreiber sprechen ihren gerade zu schreibenden Text im Inneren ohne die Lippen zu bewegen, andere reden ihn laut heraus. Schreiben Sie einmal Ihren Text laut, oder wenn Sie das stört, reden Sie Ihren Text leise in sich hinein, während Ihre Schreibhand auf dem Papier (oder auf dem Computer) tanzt. Diese innere Stimme wird Sie führen (R. OCHSNER: Physical Eloquence and the Biology of Writing. Albany 1990, S. 77-106).

Zuviel Schreiben

Achten Sie beim Schreiben nicht auf sich, achten Sie darauf, daß Ihre gesammelten Informationen auf das Papier kommen. Schreiben Sie ruhig zuviel, schreiben Sie viel zuviel. Sie haben dann die Chance, beim Kürzen etwas, das stimmt, stehen lassen zu können. Peter Elbow nennt diese Technik des wissenschaftlichen Schreibens "Collagetechnik": Aus den besten Texten eines großen Textes werden die Abschnitte eines kürzeren, besseren Textes gewonnen (P. ELBOW: Writing with Power, a.a.O., S. 147-166).

Mit Überzeugung Schreiben

Hangeln Sie sich beim Schreiben bloß nicht von Zitat zu Zitat, weil Sie glauben, daß die Autorität der Zitate Sie schützt. Schreiben Sie erst einmal Ihre Überzeugungen nieder und sehen Sie dann, wo die Autoritäten mit Zitaten helfen können, Ihren Anssichten und Ihren Argumenten noch mehr Tiefe zu geben.

Wie Schreibblöcke bekämpft werden können

Die Abfassung des Rohentwurfs wird meist von Schreibblöcken begleitet. Sie stoppen und können nicht weiter. Ihnen gefällt die ganze Gliederung nicht mehr, aber eine neue fällt Ihnen nicht ein. Im folgenden stellen wir Ihnen eine Reihe von Übungen vor, damit Sie über Ihre Schreibblöcke hinwegkommen oder um das Auftreten von Blockaden abzuschwächen.

- Jeden Tag wenigstens eine Zeile schreiben. Damit wird Schreiben zu einer alltäglichen Sache, die immer wieder gelingt.
- Stellen Sie sich vor, Sie schreiben nur einen Brief an einen Freund. Beginnen Sie Ihren Text mit "Lieber..." . Diese Anrede können Sie später streichen.
- Wechseln Sie Ihr Schreibzeug. Wechseln Sie vom Füller zum Bleistift, vom Buntstift zum Computer oder zur Schreibmaschine. Dabei merken Sie, daß Schreiben im Grunde ein Spiel ist.

- Erzählen Sie einem Freund, was Sie schreiben wollen und schreiben Sie es dann. Oft fällt das Erzählen leichter als das Schreiben.
- Schreiben Sie die Gründe nieder, warum Sie überhaupt nicht schreiben können. Ist Ihnen der Schreibblock klar, ist er auch zu lösen.
- Beschreiben Sie Ihre Gefühle, als das Schreiben einmal gut ging. Vielleicht kommt so der Spaß am Schreiben wieder.
- Befragen Sie andere Schreiber nach Ihren Tricks, mit dem sie das Schreiben beginnen (D.L. CARROL: A Manual of Writer Tricks. New York 1990, S. 117-127, D.M. MURRAY: Shoptalk. Portsmouth 1990, S. 69-79).
- Wechseln Sie Ihre Schreibzeit. Vielleicht läßt sich nachts schreiben, was am Tag überhaupt nicht ging.
- Sagen Sie sich oft beim Schreiben, das ist nur ein Experiment, ich spiele nur, Schreiben ist ganz leicht, Schreiben macht Spaß (wenn Sie autogenes Training können, nehmen Sie derartige Vorsätze in Ihr Unterbewußtsein auf) (I. MUNDIS, a.a.O., S. 57-62).
- Diktieren Sie Ihren Text auf Tonband und lassen Sie ihn dann von jemand anderem schreiben.
- Machen Sie einfach eine Pause und versuchen Sie es später noch einmal.
- Lesen Sie das, was Sie gerade geschrieben haben, noch einmal durch, und achten Sie auf neue Einfälle zum Weiterschreiben.
- Schreiben Sie für einen Leser, von dem Sie annehmen, daß er Ihren Text gut gebrauchen kann, oder für einen Leser, der Ihrer Arbeit generell positiv gegenübersteht.
- Machen Sie einen Spaziergang, heben Sie Gewicht, joggen Sie, tanzen Sie, gehen Sie schwimmen. Alles was Ihren Kreislauf aktiviert, könnte auch Ihre Schreiblust wiederbeleben. Auf jeden Fall kürzen Sie Ihre Schreibzeit um 75%! (I. MUNDIS, a.a.O. S. 80-85)
- Wechseln Sie Ihren Schreibplatz. Ein Platz in einem Nachtcafe war der ideale Schreibplatz der Expressionisten. Schreiben Sie mal in Ihrer Küche, auf dem Balkon, prüfen Sie, ob das Schreiben dort besser geht. Der entlastende Blick aus dem Fenster kann auch helfen. Nur müssen Sie herausfinden, welche Art Ausblick Sie brauchen: eine Landschaft, eine Mauer, eine Straße?
- Malen Sie in Gedanken ein Bild oder eins auf Papier. Machen Sie Fotos oder Collagen zu dem Thema, zu dem Sie nichts schreiben können.

- Versuchen Sie eine Phase "Freewriting", so schnell und so exzessiv Sie können (P. BELANOFF, P. ELBOW, S.L. FONTAINE: Nothing beginns with N. New Investigations of Free writing. Carbondale 1991, S. 283ff).
- Stoppen Sie in der Mitte des Satzes. Dieser Trick ist besonders wichtig, wenn Sie plötzlich unterbrochen werden und später weiterschreiben wollen. Am Ende des Schreibens eines Kapitel achten Sie darauf, vom neuen Kapitel wenigstens schon den Anfang zu schreiben, oder eine kleine Extra-Gliederung des kommenden Kapitels zu machen, sonst kann es hier einen längeren Schreibblock geben.
- Schreiben Sie die leichtesten Teile Ihres Textes zuerst.
- Muntern Sie sich auf. Wenn Sie rauchen, rauchen Sie erst, wenn Sie Ihr Pensum geschrieben haben. Nach einem Abschnitt spendieren Sie sich eine Tasse Kaffee. Spielen Sie Musik, wenn das Ihren Schreibfluß fördert, aber achten Sie darauf, daß es die richtige Musik ist!
- Beginnen Sie Ihr Schreiben, indem Sie sich vom Text eines anderen Autors anregen lassen.
- Lesen Sie sich durch, was andere Schreiber über das Bewältigen von Schreibblöcken geschrieben haben (D.L. CARROL, a.a.O., S. 29-44).
- Machen Sie Ihre Schreibziele immer bewältigbarer. Merke: Sie können einen Elefanten niemals mit einem Biß herunterbekommen.
- Schreiben Sie ein Pseudonym auf Ihr Schreibpapier und spielen Sie dann die Rolle des eigenen Ghostwriters, das erleichtert.
- Beteiligen Sie Ihr Unbewußtes am Schreibprozeß. Stellen Sie sich darauf ein, daß Ihr Unbewußtes mitarbeitet. Achten Sie auf plötzliche Einfälle Ihres Unbewußten zum Thema. Wenn diese Einfälle nützlich sind, beginnen Sie zu schreiben (D.M. MURRAY, a.a.O., S. 141ff).
- Machen Sie gar nichts, hören Sie die Stille, genießen Sie die Ruhe, und vielleicht ergibt sich plötzlich die nächste Zeile, die Sie wieder zum Schreiben bringt. Schreiben Sie in der Stille einmal ein Haiku (W.J. HIGGINSON: The Haiku Handbook. New York 1985, S. 165-189).
- Reden Sie mit Ihrem Über-Ich. Sprechen Sie es in einem Dialog an und fragen Sie es, warum es Sie hindert, mit dem Schreiben fortzufahren. Seien Sie sicher, daß dieser innere Dialog einige der Gründe für Ihre Schreibblöcke zu Tage fördert (S. EDELSTEIN: The No-Experience Necessary Writers Course. Chelsea 1990, S. 182-184). Denken Sie an die drei großen Killer des Schreibens: Perfektionismus, Furcht, Größenphantasie (I. MUNDIS, a.a.O. S. 35-48)

Diese Vorschläge sollen Sie anregen, eine Liste mit eigenen Schreibstimuli anzulegen. Gehen Sie bewußt mit Ihren Schreibblöcken um: Sie lassen sich niemals verhindern, aber oft bewältigen. Und denken Sie daran: Schreibblöcke kann jeder haben, Sie sind unter Leistungsstreß und unter Examensängsten geradezu die Regel. Sprechen Sie auch einfach einmal mit Ihrem Professor über Schreibblöcke; gehen Sie eventuell auch in eine Studienberatung, und bringen Sie dort Ihre Schreibblöcke zur Sprache, oder gründen Sie mit Studienkollegen eine Selbsthilfegruppe, in der jeder über seine Schreibblöcke spricht und Texte über die Überwindung von Schreibblöcken anfertigt.

Sechs Übungen, um Schreibblöcke aufzulösen:
Folgende Übungen könnten in einer Selbsthilfegruppe praktiziert werden, die sich zum Zwecke der Bewältigung Ihrer Schreibhemmungen, Schreibängste und Schreibblöcke zusammengefunden hat. Die Übungen sind so ausgewählt, daß Sie allen Teilnehmern Mut zum Schreiben machen sollen.

Die zehn größten Ängste
Stellen Sie sich die zehn größten Ängste vor dem Schreiben vor:

- Ich kann es nicht
- Ich habe kein Talent
- Ich habe nichts zu sagen
- Ich weiß nicht, wie ich das schreiben soll, was ich schreiben will
- Ich bin niemals so gut wie die Autoren, die ich gelesen habe
- Ich weiß nicht wie und wo ich anfangen soll
- Was ich schreibe, wird sicherlich nicht viel Wert sein
- Ich war schon immer unpraktisch
- Schreiben macht überhaupt keinen Spaß

Jeder Teilnehmer soll sich eine Angst wählen und einen kleinen Text über Sie schreiben. Alle lesen und diskutieren dann Ihre Texte zu dieser Übung.

Merke: "Beschäftigen Sie sich nicht mit den Ängsten vor dem Schreiben, sondern schreiben Sie ... Wenn Sie schreiben, werden Sie merken, daß die Schreibängste verschwinden." (S. EDELSTEIN: The No-Experience-Necessary Writers Course. Chelsea 1990, S. 20f.)

Die zwölf größten Mythen

Legen Sie der Gruppe die zwölf größten Mythen über das Schreiben vor:

1. Du mußt jeden Tag schreiben
2. Du mußt jeden Tag ein bestimmtes Schreibpensum absolvieren
3. Schreiben muß das Wichtigste in Deinem Leben sein
4. Du mußt einen Raum für Dich alleine haben, damit Du schreiben kannst
5. Du mußt jeden Tag zur selben Zeit schreiben
6. Schreiben geht nur, wenn man sich unglücklich und einsam fühlt
7. Du mußt vor jeder Störung und Unterbrechung geschützt sein, wenn Du schreiben willst
8. Wenn Du schreiben willst, dann mußt Du das Intimste und Persönlichste beschreiben
9. Schreiben dient vor allem dazu, eine neue wissenschaftliche Wahrheit niederzulegen, die einen ganz schnell berühmt machen wird
10. Wer schreibt, muß unheimlich viel gelesen haben
11. Schreiber müssen immer ein wenig verrückt sein
12. Autor zu sein, ist eine elitäre und äußerst heroische Angelegenheit

Machen Sie eine Abstimmung in der Gruppe, welche Mythen von den Teilnehmern für förderlich und welche für hinderlich gehalten werden. Jeder Teilnehmer soll dann sein eigenes Profil der förderlichen und hinderlichen Mythen in einem kleinen Text darstellen. "Fühlen Sie sich frei, jeden Schreibmythos zu ignorieren, wenn es Ihnen dienlich ist. Und glauben Sie auf keinen Fall, daß alle Schreiber allen Mythen anhängen. Ihre Schreibpraxis wird Ihnen zeigen, wo die für Sie entscheidenden Schreibgesetze liegen." (S. EDELSTEIN, a.a.O. S. 24, I. MUNDIS, a.a.O. S. 28-34))

Themenliste

Erforschen Sie, welche Themen in der Gruppe zum Schreiben reizen. Jeder Teilnehmer stellt deshalb eine Liste auf: "Themen, über die ich gern schreiben würde." Ein Austausch über diese Liste kann verdeutlichen, welche Schreibwünsche sich in der Gruppe zentrieren lassen.

Ein erfundener Wissenschaftler

Manchmal fehlt uns der Mut zum Schreiben. Deshalb soll jeder in der Gruppe einen Wissenschaftler seines Fachgebietes erfinden:

- Sein Alter
- Seine Lebensumstände
- Seine Fachrichtung
- Seine Publikationsliste und
- Seine größten Entdeckungen

Diesem Wissenschaftler wird das Thema unterschoben, das man gerade bearbeiten muß. Der erfundene Wissenschaftler führt dann die Feder, wenn man für das eigene Schreibprojekt einen kurzen Abriß entwickeln muß.

Wissenschaftliches Über-Ich

Jeder hat mit seinem wissenschaftlichen Über-Ich zu kämpfen (Z. LEANDER, a.a.O., S.48-54). Meist ist der Kampf deswegen so schwer, weil wir nicht wissen, wie extrem unser wissenschaftliches Über-Ich ist. Zeichen und beschreiben Sie Ihr wissenschaftliches Über-Ich als Person. Beschreiben Sie dann einen Dialog mit dem Über-Ich, indem Sie es um die Erlaubnis zum Schreiben bitten. Schließen Sie auch einen Vertrag mit dem Über-Ich, der festlegt, wie der Kompromiß aussieht, der Ihnen das Schreiben doch erlaubt (vgl. S. EDELSTEIN a.a.O., S. 61-63).

Mein Publikum

Oft liegen Schreibblöcke darin, daß wir für das falsche Publikum schreiben. Jeder Teilnehmer sollte eine Skizze des Publikums bzw. der Leser anfertigen, für die er schreibt. Beim Verlesen der Texte wird deutlich werden, ob jeder das für ihn angemessene Publikum oder den für ihn richtigen Leser für sein Schreiben anzielt und ob eine Veränderung der Schreibzielgruppe, der Textzielgruppe, nötig ist.

Schema der Schreibblöcke

Schreibblöcke und Ihre Lösungen lassen sich in folgendem Schema darstellen:

Ursachen von Schreibblöcken	Lösungen
Streß, Krankheiten, Drogen	Änderungen des Lebenswandels
Selbstüberforderung	Entspannungsübungen
Schreibunlust	Schreibbelohnungen aussetzen
Schreibangst	Verbesserungen der Schreibplanung
Falscher Adressat	Angemessener Adressat
Lese- und Lernstörungen	Änderung der Studienrichtung

(Vgl. S. EDELSTEIN, a.a.O. S. 260ff.)

Legen Sie dieses Schema in der Schreibgruppe vor. Jeder Teilnehmer erforscht mit Hilfe dieses Schemas die Ursachen seiner Schreibblöcke und trägt dann seine Lösungsvorschläge vor (vgl. L. FLOWER: Problemsolvings Strategies for Writing, a.a.O. S. 37-50).

5.3 Techniken für die Überarbeitung der Rohfassung

Dreimal Lesen

Gewöhnen Sie sich an, Ihre Rohfassung dreimal zu lesen. Das **erste** Lesen sollte schnell sein und versuchen, die Bedeutung des ganzen geschriebenen Textes zu erfassen. Wenn Ihnen dabei Lücken auffallen, markieren und ergänzen Sie sie, bringen Sie neue Argumente ein, schreiben Sie zusammenfassende Überleitungen.

Das **zweite** Lesen sollten etwas langsamer gehen. Es zielt auf die Form und die Struktur Ihres Textes. Wenn Ihnen die Form und der Aufbau mißfällt, halten Sie und revidieren Sie die Struktur. Das wird manchmal etwas Zeit kosten.

Das **dritte** Lesen geht ganz langsam. Nun wird Satz für Satz erfaßt. Es wird gekürzt, die falschen Worte werden ersetzt, Zeichensetzung wird beachtet, die Rechtschreibung, die Grammatik wird genau überprüft. Nun hat der Duden seinen großen Auftritt!(D.M. Murray: The Craft of Revision. Fort Worth 1991, S. 49-64)

Korrekturzeichen benutzen

Legen Sie sich eine Liste von Korrekturzeichen an, die Sie beim Lesen Ihres Textes und anderer Texte immer benutzen können. Die Zeichen für das erste und zweite Lesen sehen so aus:

- Ein Haken bedeutet "OK"   √
- Ein Pluszeichen bedeutet "sehr gut"   +
- Ein Minuszeichen bedeutet "streichen"   -
- Ein Pfeil bedeutet "lebendiger fassen"   →
- Eine Pfeil mit zwei Spitzen bedeutet "eine größere Erweiterung ist nötig"   ↔
- Zwei Pfeile gegeneinander gestellt bedeuten "kürzen"   →←
- Ein Fragezeichen bedeutet "unklar, noch mal überprüfen"   ?

Die Zeichen für das dritte Lesen könnten so aussehen:

- A bedeutet   Absatz
- G bedeutet   großer Buchstabe
- K bedeutet   kleiner Buchstabe
- L bedeutet   Lücken schließen
- T bedeutet   Trennen
- U bedeutet   Umstellen
- Z bedeutet   Zeichensetzung

Sie können die Überarbeitung auch mit Checklisten bewältigen.

Die gründliche Checkliste

a)   Die Kontrolle der Botschaft für das erste Lesen: Schreiben Sie die Botschaft Ihrer Arbeit in einem Satz nieder. Kontrollieren Sie, ob diese Botschaft mit dem Titel und dem Aufbau Ihrer Arbeit übereinstimmt.

b)   Die Kontrolle der Struktur und des Aufbaus Ihres Textes für das zweite Lesen: Fragen Sie sich beim Lesen, ob der Aufbau der Arbeit Ihrer Botschaft entspricht. Ist der Aufbau logisch und proportioniert, gibt es genug Argumente, damit die Botschaft auch den Leser erreicht?

c)   Die Satz für Satz-Kontrolle beim dritten Lesen: Überprüfen Sie nun Satz für Satz, ob die Worte stimmen, ob Klischees sich häufen, ob es sexistische oder rassistische Argumente gibt, ob der Stil des Textes explanatorisch oder evokatorisch ist, d.h., ob er nur flache Rede oder gefühlvolle Argumentationen umfaßt (R.B. AXELROD, C.R. COOPER, a.a.O. 387-398).

Die schnelle Checkliste für das dreimalig Lesen

- Erstes Lesen: Schreiben Sie die Botschaft Ihres Textes in einem Satz.
- Zweites Lesen: Klären Sie, ob der Aufbau dem Inhalt der Arbeit entspricht.
- Drittes Lesen: Lesen Sie Ihren Text laut vor und hören Sie, ob der Textstil zum Inhalt der Arbeit paßt.

Lesetechniken

Laut lesen ist wichtig, denn Ihr Ohr kann den Text besser kontrollieren als Ihr Auge und es vollzieht den Rezeptionsakt des Textes durch den Leser nach, der den Text beim Lesen ja auch laut in sich hinein spricht.

Hinweis: Wie ein professioneller Schreiber lesen! Sie achten dabei auf jedes Detail, auf unklare Privatsprache und auf den Jargon (R.B. Axelrod, C.R. Cooper: The St. Martins Guide of Writing, a.a.O., S. 391f)

Wie ein professioneller Leser lesen

Sie prüfen, ob die Stimme des Textes stimmt. Sie lesen schnell und sehen zu, ob am Ende des Lesens die Botschaft des Textes klar vor Ihrem geistigen Auge steht (D.M. Murray, a.a.O., S. 132-173).

Führer für gründliche Überarbeitungen

Benutzen Sie für die Überarbeitung folgenden Führer

Führer für Textrevision und Umschreiben

Revisionsurteil	Mögliche Probleme	Mögliche Lösungen
1. Text ist uninteressant	Thema verfehlt	Erforschen Sie ihr Thema genauer
2. Text ist konfus	Keine Ordnung	Schreiben Sie eine neue Rohfassung
3. Text wandert	Unscharfe Gliederung	Neue Rohfassung
4. Text hat zu wenig Gewicht	Fehlende Belege	Neue Leserunde
5. Text beginnt gut, fällt aber ab	Text ist eine frühe Fassung	Neue Textfassung
6. Text beginnt abrupt und endet abrupt	Einleitung und Schluß fehlen	Einleitung und Schluß ergänzen
7. Text zerfällt in Teile	Überleitungen fehlen	Überleitung schreiben
8. Text hat unvollständige Sätze	Satzstruktur fehlerhaft	Satzbau überprüfen
9. Text benutzt falsche Worte	Wortwahl fehlerhaft	Worte wechseln
10. Text hat falsche Satzzeichen	Kommaregeln unsicher	Von Bekanntem korrigieren lassen

(J. Blum u.a., a.a.O., S. 135, D.M. Murray, a.a.O., S. 86-112)

Umschreiben
Die beste Technik zur Verbesserung der Rohfassung heißt, eine zweite
Fassung schreiben. Oft gelingt im zweiten oder dritten Anlauf der bessere
Wurf. Heben Sie aber alle Entwürfe auf, um zu sehen, warum Sie meinen,
bessere Formulierungen getroffen zu haben. (R.B. AXELROD, C.R. COOPER,
a.a.O., S. 395-397)

Benutzen Sie Testleser
Jeder Schreiber hat eine furchtbare Angst vor Kritik. Kritik ist aber für die
Bewältigung des Schreibprozesses nötig. Die beste Kritik erhalten Sie von
Testlesern. Wählen Sie sich aus Ihrem Bekanntenkreis Testleser aus, je
nach Form der Kritik, die Sie für Ihren Text brauchen. Nehmen Sie Leser,
die selber Autoren sind, denn Sie zeigen Ihnen die professionellen Mängel
des eigenen Schreibens. Bei Lesern, die die Meinung des Mannes auf der
Straße vertreten, können Sie erfahren, was Laien von Ihrem Text verstehen.
Bei Lesern, die die gleiche Wissenschaft, wie Sie, vertreten, können Sie
erfahren, wie der wissenschaftliche Wert des Textes eingeschätzt wird.

Bauen Sie eine Schreibselbsthilfegruppe auf
Peter Elbow schreibt: "Der effektivste Weg, um das richtige feed-back für
Ihr Schreiben zu bekommen, ist der Aufbau einer Schreibgruppe, die sich
regelmäßig trifft" (P. ELBOW: Writing with Power, a.a.O., S. 273). Für eine
derartige Schreibgruppe sind vier bis zehn Leute nötig, die sich wenigstens
acht Wochen lang einmal in der Woche abends treffen und den Schreibprozeß ihrer wissenschaftlichen Arbeit kollektiv und kollegial begleiten.

6 Techniken, um aus den eigenen Schreiberfahrungen lernen zu könen

Um die eigenen Schreiberfahrungen systematisch zu erweitern und die
Schreibkompetenz zu erhöhen, ist es sinnvoll, die Strukturen des eigenen
Schreibprozesses zu klären und den eigenen Schreibtyp zu erkennen.

Schreibtyp und Schreibprozeß
Wir unterscheiden drei Schreibtypen. Suchen Sie sich Ihren Schreibtyp
heraus, der auf der linken Seite steht und schreiben Sie rechts die Erfahrungen Ihres Schreibens auf:

	Schreibakte	Schreiberfahrungen
Typ 1 Schnell-Schreiber	Gedanken sammeln Notizen Auswahl des Wichtigsten Schnelle Rohfassung Einsatz von Testlesern Langsames Umformulieren	
Typ 2: Langsamer Schreiber	Freie Assoziationen Forschungsschwerpunkte Forschungsprozesse Textgespräche Langsame Niederschrift	
Typ 3: Praxis Schreiber	Erinnerungen notieren Feldforschung Feldberichte Einleitungen und Schluß-fassungen Ordnung der Feldforschungs-resultate Endfassung	

Experimentieren Sie mit verschiedenen Textsorten

Die eigene Schreibe kann sich besser entwickeln, wenn man nicht nur die akademischen Textsorten kennt. Versuchen Sie es einmal mit Erzählungen, Dramen und Gedichten. Experimentieren Sie mit Stilen und Schreibtechniken, das alles fördert Ihre Entwicklung als Schreiber (viele Hinweise für weitere kreative Schreibtechniken enthält folgendes Buch: L.v. WERDER: Lehrbuch des kreativen Schreibens. Berlin 1990).

Hinweise auf Fernstudium und Beratung für "Kreatives Schreiben in den Wissenschaften"

Eine Hilfe für die Aneignung des "kreativen Schreibens in den Wissenschaften" bietet das "Institut für kreatives Schreiben" in Berlin an. Das Institut kann einen dreifachen Service liefern:

✍ Sie können beim Institut das "Fernstudium des kreativen Schreibens" mit dem Schwerpunkt "Wissenschaftliches Schreiben" belegen. Sie werden dann in anderthalb Jahren durch diesen Fernstudiengang zum Schreibpädagogen ausgebildet. Durch Erarbeitung von Texten, Einsendungen, Kommentierungen, durch Absolvierung von Präsenzphasen und durch die dokumentierte Anleitung einer wissenschaftlichen Schreibgruppe erwerben sie die Qualifikation, die sie zur Mitarbeit an universitären und betrieblichen Schreibzentren und zur Anleitung von wissenschaftlichen Schreibkursen befähigt.

✍ Sie können mit dem Fachgebiet "Kreatives Schreiben in den Wissenschaften" am Institut Kontakt aufnehmen, Informationen abfragen und Beratungen vereinbaren.

✍ Sie können die "Zeitschrift für kreatives Schreiben" abonnieren, die vom Institut ab Herbst 1991 herausgegeben wird. Diese Zeitschrift berichtet laufend auch über die Entwicklung des "Kreativen Schreibens in den Wissenschaften" in Deutschland.

Das Institut erreichen Sie über:
Claus Mischon, 1000 Berlin 30, Bamberger Str. 52

Lutz von Werder

Lehrbuch des kreativen Schreibens

In den USA studieren heute 7000 Studenten "creative writing". Nach Abschluß ihres vierjährigen Studiums werden sie Schriftsteller, Redakteure aber auch Kulturarbeiter, literarische Sozialpädagogen und Anleiter von kreativen Schreibgruppen. Diese Entwicklung steht in Deutschland noch aus.

Das Lehrbuch will deshalb das neue Lehrgebiet des kreativen Schreibens in Deutschland vorstellen.

Das Lehrbuch strebt eine kulinarische Form des Lernens an. Es besteht:

- zu einem Drittel aus praktischen Übungen und umfaßt rund 200 Schreibspiele, 20 Schreibprojekte, 40 Schreibmethoden und viele Arbeitstechniken.
- zu einem Drittel aus empirischem Anschauungsmaterial. Es werden 80 Schreibgruppen, 20 Texthefte, 30 einschlägige Diplomarbeiten des Berliner Projekts "Kreatives Schreiben" und die Unterlagen aller vorliegenden Projekte der deutschen Schreibbewegung ausgewertet.
- zu einem Drittel aus einer theoretischen Grundlegung. Ein interdisziplinärer Ansatz (Literaturpsychologie, Soziologie und Pädagogik) wird dem neuen prozeß- und produktorientierten Konzept der Poesiepädagogik zugrunde gelegt.

Das Lehrbuch leitet zur Durchführung und Auswertung eigener kreativer Schreibgruppen an und entwirft Strategien der Durchsetzung der neuen Methode am Markt und in den Institutionen.
Es kostet DM 36.- und umfaßt 500 Seiten.

IFK-Verlag Berlin
Postfach 30 36 42
1000 Berlin 30

- ISBN 3-926752-25-4 -

Lutz von Werder
Claus Mischon
Barbara Schulte-Steinecke

Kreative Literaturgeschichte

Literaturgeschichten sind die schönen Särge der Dichter. Dort werden sie mit ihren Texten aufgebahrt, wenn der Geist der Kreativität sie verlassen hat. Literaturgeschichten werden allenfalls gelesen. Meist lassen sie einen völlig kalt.
Die kreative Literaturgeschichte zeigt das Leben der Literatur. Sie präsentiert die Geschichten der Schreibtechniken. Sie enthält die Entwicklung der Produktionsgeheimnisse der Literatur. Sie stellt Übungen aus vielen Epochen der Literatur vor. Sie lädt zur Reise in die moderne und archaische Poesie ein.
Kreative Literaturgeschichte animiert zur Schreibreise durch die Literatur. Sie organisiert kreative Schreibgruppen, die sich den kreativen Geist der literarischen Epochen und Meister aneignen. Sie führt an das Feuer der Imagination und Inspiration.
Kreative Literaturgeschichte ist ein Hand- und Praxisbuch der neuen deutschen Schreibbewegung. Es eignet sich für Schule, Hochschule, Alltagskultur, Salon, Atelier und Labor.
Kreative Literaturgeschichte bietet Literatur als Erlebnis - als Erlebnis der Archaik und der großen Schreibmeister des 18., 19. und 20. Jahrhunderts: Schamanen, Hexen, aber auch Goethe, Novalis, Zola, Benn, Breton, Queneau.
Kreative Literaturgeschichte führt zur kreativen Arbeit in der magischen Poesie, der Klassik, der Romantik, dem Naturalismus, Expressionismus, Surrealismus und Manierismus.
Es kostet DM 24,80 und umfaßt 208 Seiten.

Schibri-Verlag
Meininger Str. 4
1000 Berlin 62

- ISBN 3-928878-01-8 -

LUTZ VON WERDER

KREATIVES SCHREIBEN

von Diplom- und Doktorarbeiten